Ebenfalls von Jonas Bühler

Herbstblut
Fluch der Macht
Die letzte Reise des Propheten

··· und von Enrico Lusser

Brennender Sand
Beirut sehen und sterben
Blutiger Herbst
Die Erben von Atlantis

Jonas Bühler

Leserbriefe

Bibliografische Information der Deutschen Nationalbibliothek:
Die Deutsche Nationalbibliothek verzeichnet diese Publikation in der Deutschen Nationalbibliografie; detaillierte bibliografische Daten sind im Internet über http://dnb.dnb.de abrufbar.

Herstellung und Verlag: BoD – Books on Demand, Norderstedt
ISBN: 9783752846935

Jonas Bühler

Leserbriefe

Inhalt

Inhalt

Inhalt

Inhalt

Inhalt

Inhalt

Inhalt

Inhalt

Inhalt

Angst

Am Montag letzter Woche trat ich eine neue Stelle an. In einem Gebäude mit Klimaanlage. Und genau an diesem Montag arbeitete sie nicht richtig. Mein Büro war das reinste Sibirien. Am Abend war ich durchfroren. Ich nieste. Am Dienstag lief die Nase. Am Mittwoch kratzte es im Hals. Am Donnerstag schmerzten die Ohren. Am Freitag schliesslich war die Grippe unwiderruflich ausgebrochen. Ich blieb zu Hause und hütete das Bett.

Da es mir langweilig wurde, griff ich zum Telefon. Ich unterhielt mich mit Arbeitskollegen, Verwandten und Bekannten. Und was bekam ich da zu hören?

„Was, Du bist zu Hause?"

„Das ist aber auch nicht gut, schon in der ersten Woche krank zu sein!"

„Hast Du keine Angst, dass man Dir kündigt?"

Ich glaubte meinen Ohren nicht zu trauen. Weswegen sollte ich Angst haben? Kann man sich eine Grippe aussuchen? Gewisse Menschen haben eine Nilpferdhaut und sind nie krank. Andere Menschen sind eben anfälliger. Da hilft alles Vorbeugen nichts. Und zu diesen Menschen gehöre auch ich. Nun hat es mich eben erwischt. Und das während der Probezeit. Warum nicht?

Ich rate jedem an, während der Probezeit eine Erkältung zu bekommen. Nur um zu sehen, wie sich der neue Arbeitgeber verhält, wenn ein Angestellter krank wird. Wer seine Arbeit beherrscht, braucht weder Probezeit noch Krankheit zu fürchten. Wenn ein Arbeitgeber unangenehm wird, nur weil man krank ist, dann taugt er sowieso nichts. Besser, man lernt ihn dann noch in der Probezeit kennen.

Mittlerweile ist es Dienstag, und ich bin immer noch zu Hause. Heute ist der erste fieberfreie Tag. Ich hätte ohne weiteres zur Arbeit gehen können, auch wenn ich mich noch etwas schwach auf den Beinen fühle und mir der Schädel surrt. Doch wozu? Nur um mich über den Tag zu quälen? Die Qualität meiner Arbeit wäre sicher auch nicht befriedigend. Ich bleibe zu Hause und sammle meine Kräfte. Ohne irgendwelche Gewissensbisse.

Angst ist ein Instrument, das die Mächtigen dieser Welt benutzen, um die Menschen bei der Stange zu halten. Es wäre vernünftiger, Angst durch Respekt zu ersetzen. Respekt vor der eigenen Arbeit und Menschlichkeit. Nur liefen dann viele Mächtige Gefahr, ohne Gefolge dazustehen.

Jonas Bühler, Flüelen

Urner Wochenblatt
Samstag, 15. November 1986

Sture Böcke

Sie sind sicher auch schon mit Zug, Bus oder Tram zur Arbeit gefahren oder von der Arbeit gekommen. Ist Ihnen da auch aufgefallen, wie wohlerzogen die Fahrgäste sind? Geredet wird kaum, und wenn, dann höchstens geflüstert. Gelacht wird schon gar nicht. Das einzige Geräusch ist das Rascheln der Zeitungen, hinter denen sich die sauren Birnen verstecken.

Ich weiss nicht, ob es auf dem Lande auch so schlimm ist, jedoch ist dies in der Nähe der Städte die Regel. Letztes Jahr hatte ich Besuch aus dem Libanon. Ich kann seinen Namen ruhig nennen. Er wird es mir verzeihen: Charles Stauffer. Ein Auslandschweizer. Und Basler. Er erzählte mir, dass ihn seine Kollegen nur die Nuss nannten. Nuss im Sinne von: *Du hast nicht alle Tassen im Schrank. Bei Dir piepst's wohl.* Ich fragte ihn, wie er zu diesem Spitznamen gekommen sei, und was sagte er mir? Immer wenn er zu Besuch in der Schweiz ist – er besucht regelmässig seine Grossmutter in Basel – und mit dem Zug in der Schweiz herumfährt, setzt er sich nicht in leere Abteile, sondern sucht die Nähe von Menschen. Mit diesen sucht er ins Gespräch zu kommen:

Guten Morgen. Ich heisse Charles Stauffer und komme aus dem Libanon. Darf ich mit Ihnen plaudern?

Oh je! Und das alles auf Baseldeutsch! Kein Wunder, halten ihn da alle für eine Nuss. Denn welcher Schweizer würde sich wohl so verhalten?

Ich muss Ihnen ehrlich sagen: Ich wünsche mir auf dieser Welt mehr solche Nüsse wie Charles Stauffer. Sture Böcke haben wir genug, deren Lippen mit Kleister verklebt sind und deren Blicke starr am Mitmenschen vorbei in den luftleeren Raum gehen. Glauben Sie nicht auch, dass ein paar freundliche Worte, und sei es auch nur über das Wetter, ein „Guten Morgen!" oder ein „Auf Wiedersehen!" den trüben Alltag auflockern können? Wie viele Menschen machen ihre Stimmung und Laune vom Wetter abhängig! Wenn es sonnig ist, sind sie lustig und voller Lebensfreude. Ziehen Wolken auf, werden sie muff und zugeknöpft. Und sollte es gar regnen und hudeln, sind sie völlig unausstehlich.

Jeder sollte ein bisschen Charles Stauffer sein und die Sonne im Herzen tragen. Zu seinem Besten und zum Besten der Menschen, mit denen er den Tag verbringt.

Jonas Bühler, Flüelen

Urner Wochenblatt
Mittwoch, 25. März 1987

„Stinkböcke"

Wer kennt ihn nicht, den penetranten Gestank von Arbeitskollege oder – kollegin? Man sollte glauben, dass er mit der Erfindung von Seife und Deodorant ausgestorben sei. Mitnichten! Es gibt sie noch, diese „Stinkböcke"! Sie scheinen sich sogar zu vermehren! Besonders zur warmen Jahreszeit!

Ich spreche hier nicht jene Berufsgattungen an, die zuweilen infolge körperlicher Anstrengung zwangsläufig den Geruch ihrer Arbeit annehmen. Wie Landwirte, Bauarbeiter und Reinigungspersonal. Nein! Es sind jene Gesellen, die in den Büros hocken und weiss Gott keinen Grund haben, einen derart bestialischen Gestank zu verbreiten!

Während meiner Zeit in Riyadh/Saudi Arabien hatten wir einen Libanesen beschäftigt, der jedem schweizerischen Güllenloch alle Ehre tat. Stand er im Windstrahl einer Klimaanlage, hatte man den Eindruck, man stecke selber bis zum Kinn in der Jauche.

Lustig ist es auch, die Menschen zu beobachten, die im Geruchsbereich eines solchen „Stinkbocks" leben und arbeiten müssen. Sie fluchen zwar über ihn und reissen ihre Witze, aber alles hinter vorgehaltener Hand. Sie legen ihm vielleicht noch – anonym! – einen Raumspray aufs Pult, doch damit hat es sich. Mit der Zeit finden sie sich damit ab und werden scheinbar sogar immun.

Ich habe eine andere Methode entwickelt. Ich wurde es satt, immer die Luft anzuhalten, wenn ich mich dem Gefahrenbereich näherte. Ich gehe zu dem „Stinkbock", sage ihm, er stinke wie ein Mistloch und mache ihm klar, dass er sich selber im Wege steht, wenn er weiter so stinkt. In den meisten Fällen hilft es. Man muss manchmal über den eigenen Schatten springen und auch Unangenehmes erledigen. Ich habe die Erfahrung gemacht, dass nicht nur die Umwelt, sondern auch der ehemalige „Stinkbock" für diesen Hinweis dankbar ist. Seine eigenen Fehler sieht man meist nur, wenn man darauf aufmerksam gemacht wird.

Jonas Bühler, Flüelen

Urner Wochenblatt
Samstag, 20. Juni 1987

„Stinkböcke"

Zum Leserbrief „Stinkböcke" von Jonas Bühler, Flüelen, im „Urner Wochenblatt" vom Samstag, 20. Juni 1987.

Sehr geehrter Herr Bühler

Wir beneiden Sie beinahe, Sie haben anscheinend wirklich keine anderen Sorgen, als sich über den Körpergeruch Ihrer Mitmenschen aufzuregen. Ehrlich gesagt machen uns andere Probleme mehr Mühe, beispielsweise das allzu häufige Vorkommen von Intoleranz, Engstirnigkeit oder auch Oberflächlichkeit, mit denen wir unseren Mitmenschen begegnen. Das sind in unseren Augen zum Himmel stinkende Vorkommnisse, über deren Schatten zu springen sich wohl eher lohnen würde.

Und wenn wir gerade vom Himmel sprechen, möchten wir noch erwähnen, dass uns die Erhaltung der für unsere Erde lebenswichtigen Ozonschicht einiges mehr bedeutet als der Schweissgeruch unserer Mitmenschen. Wie ja heute wirklich allen Leuten bewusst sein sollte, sind es zu einem Grossteil die vielen Spraydosen mit den feinen, parfümierten Wässerchen, die an der Zerstörung der Ozonschicht beteiligt sind. Die wirklichen „Stinkböcke" sind unserer Meinung nach in den „allwochenendlich" nach Süden fahrenden Blechlawinen zu suchen.

Barbara und Uriel Berlinger, Seedorf

Urner Wochenblatt
Mittwoch, 24. Juni 1987

Solidarität

Als die Unwetter über den Kanton Uri und weitere Landesteile hereinbrachen, war ich Zaungast. Ich verfolgte das Geschehen aus der Ferne, ohne selbst betroffen zu sein. Die ersten Telefonate mit Familienangehörigen und Bekannten waren noch nicht derart alarmierend, dass ich einen Grund sah, ihnen zu Hilfe zu eilen. Und dennoch hatte ich ein schlechtes Gewissen, zumal sich in den folgenden Tagen das Ausmass der Katastrophe immer deutlicher abzeichnete. Als Urner hätte ich dort sein müssen, um beim Aufräumen mit Hand anzulegen. Die Vorwürfe blieben denn auch nicht aus. Sie waren bitter, aber gerechtfertigt.

Doch war ich der einzige? Jeder Mensch hat Grenzen des Einsatzes, vielleicht aber auch Möglichkeiten, über die ein anderer nicht verfügt. Solidarität kann sich auf verschiedene Art äussern. Die vergangenen Wochen zeigten dies mit aller Deutlichkeit. Es ist nur traurig, dass es Katastrophen braucht, um die Menschen zueinander finden zu lassen. Solidarität sollte immer und überall gelebt werden. Jeder Tag, jedes Menschenleben hat seine kleineren und grösseren Katastrophen. Auch wenn sie nicht derart dramatische Wellen schlagen, dass sich die Medien einschalten. Meist verebbt die Hilfsbereitschaft, wenn ein Ereignis aus den Schlagzeilen gerät und den Geruch des Alltäglichen annimmt. Wir dürfen dies nicht zulassen. Jeder ist aufgerufen, für Notlagen seiner Mitmenschen ein Gespür zu entwickeln und im Rahmen seiner Möglichkeiten zu helfen, wobei die „Hilfe danach" ebenso wichtig ist wie die Soforthilfe.

Wie oft habe ich schon gehört:

„Hat Dir jemand geholfen, als es Dir schlecht ging? Was willst Du also andern helfen?"

Wenn jeder eine solche Einstellung hätte, wäre es um die Menschheit wirklich lausig bestellt. Der einzelne kann noch so arm und schwach sein, hätte er die Gemeinschaft hinter sich, wäre auch er stark, und Schicksalsschläge wären leichter zu verkraften. Ein solches Denken muss allerdings schon in der Familie entstehen, doch findet man dort schon Hass und Neid. Ein Umdenken wäre wirklich an der Zeit, um mit vereinten Kräften die Probleme der Zukunft zu meistern.

Jonas Bühler, Flüelen

Urner Wochenblatt
Samstag, 10. Oktober 1987

Geschenke

Die Weihnachtszeit rückt näher und mit ihr die Zeit des Schenkens und Beschenktwerdens. Die Zürcher Bahnhofstrasse gilt als eine der schönsten Einkaufsstrassen der Welt. In diesen Tagen funkelt und glitzert sie am prächtigsten. Wenn ich am Abend zu Fuss die Strecke vom Büro zum Bahnhof gehe, geschieht es, um diese vorweihnächtliche Stimmung mitzuerleben. Dazu gehört der Marroniduft ebenso wie der Musikant, der in einer Toreinfahrt auf seiner Querflöte spielt. Menschen verharren länger als sonst vor den Schaufenstern. Viele tragen bereits Päckchen mit sich, in Geschenkpapier eingewickelt und mit bunten Schleifen verziert.

Wenn ich diese Päckchen sehe, werde ich an eine Begebenheit erinnert, die ich dieses Jahr hatte. Wie andere Firmen, so haben auch wir einen Kaffeeraum, in dem sich alles trifft, was sich eigentlich aus dem Weg gehen will. Manchmal liegen auf dem Tisch Schinkengipfel, selbstgebackene Kuchen oder Gebäck. Ein Zettel gibt Aufschluss darüber, von wem und weshalb sie gestiftet wurden. Als ich eines Morgens dort war, fand ich belegte Brötchen vor. Zwischen zwei Bissen läutete das Telefon. Es war die Angestellte, die den Imbiss spendiert hatte. Sie war aus den Ferien zurückgekehrt. Ich bedankte mich recht herzlich bei ihr und verschluckte mich dann fast, als sie mich fragte, ob ich wisse, dass in ihrer Abteilung jeder, der aus den Ferien zurückkomme, etwas schenken müsse. Ich habe so etwas noch nie gehört. Seit wann muss geschenkt werden? Entweder ein Geschenk kommt freiwillig und von Herzen oder man lässt es bleiben. Aber, um ganz ehrlich zu sein: Steht nicht hinter vielen unserer Geschenke ein Müssen? Wenn wir eingeladen werden, müssen wir einen Blumenstrauss oder eine Flasche Wein mitbringen. Besuchen wir einen Verwandten oder Bekannten im Spital, bringen wir etwas vorbei, das er bestimmt nicht brauchen kann. Dann gilt es, Geburtstage, Hochzeiten, Jahrestage, Taufe und Firmung gebührend zu würdigen. Und nicht zu vergessen: Weihnachten, wo sich Schenken und Beschenktwerden zum Exzess ausweiten.

Wir sollten alle ein bisschen mutiger werden und nur noch schenken, wenn unser Herz dahintersteht, aber auch ehrlicher und den Menschen selbst empfangen, und nicht sein Geschenk.

Jonas Bühler, Flüelen

Urner Wochenblatt
Samstag, 5. Dezember 1987

Beförderungen

In den ersten Monaten danach lernt man sie kennen: die „Schwarzen Schafe" unter den Beförderten! Jedes Jahr dreht sich nicht nur das Lohnkarussell, sondern auch das Beförderungskarussell. Während Lohnanpassungen allein schon durch die gestiegenen Lebenskosten gerechtfertigt sind, hat es den Anschein, als dienten Beförderungen in einer Vielzahl von Fällen eher der Befriedigung menschlicher Eitelkeit als einem wirtschaftlich vorhandenen Zwang.

Immer zum Jahreswechsel wimmeln die Personalnachrichten unserer Firmen von neuernannten Handlungsbevollmächtigten, Prokuristen, Direktoren und höheren Gütezeichen. Doch nicht nur das! In den betroffenen Firmen findet eine regelrechte Umschichtung statt. Die Beförderten (vorwiegend der oberen Ränge) beziehen höhere Stockwerke, erhalten zusätzliche Bürofläche und die Rückenlehne ihres Sessels wächst um die Zentimeter ihrer Beförderung. Haben sie den

Kaffee bislang selbst am Automaten geholt, so wird er ihnen neuerdings gebracht. Doch nicht genug damit! Bei manchen Beförderten findet auch eine geistige und charakterliche Umschichtung statt. Sie vergessen, woher sie kommen. Sie vergessen, dass auch sie einmal unten angefangen haben. Sie vergessen die Lebens- und Arbeitsgewohnheiten, die Wünsche und Nöte ihrer ehemaligen Kolleginnen und Kollegen. Sie entfremden sich. Sie benutzen eine Sprache, die der Normalbürger nicht mehr versteht. Haben sie vor der Beförderung lautstark gegen Ungerechtigkeiten gebrüllt, so sind sie nun die eifrigsten Bannerträger derselben Ungerechtigkeiten. Es hat ein völliger Sinneswandel stattgefunden. Eine Gehirnwäsche, ausgelöst durch die Euphorie und den Höhenflug ihrer Beförderung. Was früher ungerecht und unsozial war, erklären sie nun als Folge einer veränderten Perspektive, als unumgängliches Erfordernis einer geschäftsbedingten, kurz-, mittel- oder langfristig geplanten Unternehmensstrategie, um nur einige ihrer Phrasen zu nennen.

Für alle „Schwarzen Schafe": Eine Beförderung ist kein Freibillet für Narrenpossen, sondern ein Spiegel höherer Verantwortung nicht nur gegenüber dem Unternehmen, sondern auch gegenüber dem Untergebenen!

Jonas Bühler, Flüelen

Urner Wochenblatt
Samstag, 19. März 1988

Menschlichkeit

Menschlichkeit ist eine Eigenschaft, die immer mehr in Vergessenheit zu geraten scheint. Es ist allerdings zu sagen, dass es auch immer schwieriger wird, menschlich zu sein und zu bleiben. Es braucht Überwindung dazu. Besonders im Berufsleben. Die Eigenschaften, die dort zählen, sind militärische Strenge und Karrieredenken, beide – wie es den Anschein hat – unvereinbar mit menschlicher Wärme.

Versucht jemand, mit Menschlichkeit Karriere zu machen, bleibt er in einer Vielzahl von Fällen irgendwann auf der Strecke. Er sieht sich in seinem Leben von Arbeitskollegen überrundet, mit denen er nicht einmal Schweine hüten möchte. Im Gegensatz zu ihm besitzen sie etwas, das er selbst nicht hat, oder nicht haben will. Ellbogen, Mundwerk und Rücksichtslosigkeit.

Anscheinend herrscht der Glaube, dass nur auf diese Weise Gewinne zu erzielen sind. Doch dieser Glaube ist blind. Unsere Unternehmer und Wirtschaftsführer sollten sich nicht nur darüber Gedanken machen, wie sie ihre Marktanteile, Umsätze und Gewinne steigern können. Sie sollten sich auch überlegen, ob sich die Angestellten bei ihnen wohl fühlen. Wie jedes Familienoberhaupt die Verantwortung für seine Familie trägt, so trägt jeder Vorgesetzte die Verantwortung für seine Untergebenen. Nicht nur, was die Qualität ihrer Arbeit angeht, sondern auch die Atmosphäre, in der sie diese Arbeit zu erledigen haben.

Arbeit bleibt Arbeit. Nur wenige können sich davor drücken. Doch muss sie gleich Qual sein? Es berührt mich immer unangenehm, wenn ich sehe, wie Menschen unter dem Druck der Arbeit oder des Vorgesetzten durchzudrehen beginnen, unter Schlaflosigkeit und Magenkrämpfen leiden, weinen oder sogar zusammenbrechen. Mit ein bisschen Beobachtungsgabe, Verantwortungsgefühl und Menschlichkeit liessen sich solche

Auswüchse spielend vermeiden. Und Kündigungen würden seltener.

Es gibt zudem Firmen, in denen das Lachen verboten zu sein scheint. Grabesstille herrscht in manchen Etagen. Sind Lachen und Humor derart verwerflich und arbeitsschädigend, dass man sie nicht zulässt? Es würde manchem Vorgesetzten gut anstehen, etwas Humor zu zeigen. Er vergibt sich nichts. Im Gegenteil. Humor kann wärmend wirken. Und belebend. Wie Sonnenstrahlen.

Unsere Arbeitswelt wird nun einmal von Männern geprägt. Daran wird sich auch in Zukunft nicht viel ändern. Obgleich es wünschenswert wäre, dass vermehrt Frauen in Chefetagen Einlass finden. Sie sind von Natur aus menschlicher. Was nicht heissen will, dass Männer über diese Gabe nicht verfügen. Sie finden einfach den Mut nicht, zu ihr zu stehen. Sie schämen sich ihrer beinahe.

Jeder redet davon, die Welt freundlicher und menschlicher zu gestalten. Warum nicht selbst damit beginnen? An Ort und Stelle? Am eigenen Arbeitsplatz?

Jonas Bühler, Flüelen

Urner Wochenblatt
Samstag, 25. Juni 1988

Rassenhass

Woran denken Sie, wenn Sie das Wort „Araber" hören? Oder „Libanon"? Denken Sie nicht unwillkürlich an Terroristen, Autobomben, Bürgerkrieg und Chaos?

Ich hatte es mir dieses Jahr in den Kopf gesetzt, eben in diesem Land – Libanon – Ferien zu machen. Ich wollte Freunde besuchen, die ich aus meiner Zeit in Saudi Arabien kannte und seit Jahren nicht mehr gesehen hatte. Da meine Verlobte mich begleiten würde, wurden bei Bekannten und Verwandten rasch Zweifel an meinem Geisteszustand laut.

Alle Bedenken waren fehl am Platz. Wir erlebten die interessantesten, wenn auch nicht die erholsamsten Ferien unseres Lebens. Vom Balkon unseres Hotelzimmers hatten wir einen traumhaften Blick auf Beirut und das Mittelmeer. Am Morgen weckte uns das Krähen der Hähne; den ganzen Tag über begleitete uns das Zirpen der Grillen. Wir sonnten uns im „Al Rimal", einer schwerbewachten Oase für Sonnenhungrige am Meer, oder in einem Fitnesscenter in den Hügeln hinter Beirut. Wir besuchten Jbail (das antike Byblos) mit seinen Ruinen und Faraya (ein Wintersportort) hoch oben in den Bergen. Wir sahen aber auch die andere Seite des Libanon: die schwerbewaffneten Milizen, die Bettler und die „Grüne Linie" in Beirut mit ihren zerschossenen Gebäuden, Erdwällen und Containern gegen Heckenschützen.

Doch von alldem wollte ich eigentlich gar nicht schreiben, sondern von der Liebe des Menschen, seinen Mitmenschen zu hassen. Dieser Hass schlummert in uns allen. Wir müssen ihn bekämpfen, wo immer er sich zeigt. Auf unserer Reise erfuhren wir, dass der Hass gegen die Araber nicht erst bei uns in Europa beginnt. Er beginnt schon vor den Toren der arabischen Welt.

Da unser Flug von Zürich nach Larnaka erheblich Verspätung hatte, waren wir gezwungen, die Nacht und den ganzen folgenden Tag auf Zypern zu verbringen. Die letzten Paar Stunden vor der Weiterreise sassen wir auf der Terrasse einer kleinen Imbissstube gegenüber dem Hafen. Zuerst waren wir alleine, dann kamen ein paar verirrte Touristen, eine Katze, ein Hund und schliesslich die Wirtin. Wie sie uns stolz erzählte, lebt sie den grössten Teil des Jahres mit ihrem Mann in England.

Und dann begann es. Drei elegant gekleidete Araber jüngeren Alters setzten sich ebenfalls auf die gedeckte Terrasse, um – wie wir – vor der Sonne, der Hitze und der Langeweile Zuflucht zu suchen. Sie bestellten etwas zum Trinken, plauderten und lachten, wie andere Gäste das auch tun, überall auf der Welt.

Doch dann begannen sie zu singen. Leise arabische Rhythmen. Sie störten niemanden. Im Gegenteil. Wir waren froh um jede Unterhaltung. Nicht so die Wirtin! Sie stürzte sich mit hochrotem Kopf und Drohgebärden auf ihre Gäste:

„Hier ist kein Nachtklub! Hier wird nicht gesungen! Wenn Ihr singen wollt, dann singt woanders! Schert Euch weg!"

Die Araber entschuldigten sich, bezahlten und schritten über den staubigen Parkplatz zum Hafengebäude hinüber. Als die Wirtin die letzten Spuren der Nestbeschmutzung beseitigt hatte, kam sie zu uns und rechtfertigte ihr Handeln. Sie habe nichts gegen Araber! Bei Leibe nicht! Aber singende Araber! In ihrem Lokal! Je mehr sie sich rechtfertigte, umso mehr bestärkte sie mich in meiner Überzeugung, dass sie die Araber eben doch als Abschaum der Menschheit betrachtete und hasste.

Ich habe selber oft mit Arabern zu tun und mache auch kein Hehl daraus, dass ich für ihre Lebensart Sympathien hege. In Begleitung solcher Herren kommt es auch hin und wieder vor, dass ich vom Nebentisch mit dem „Dreckgesindel" und „Terroristenpack" in einen Topf geworfen werde. Bei solchen Gelegenheiten schäme ich mich für uns Europäer. Haben wir noch nichts gelernt? Haben nicht auch wir unser „Dreckgesindel" und „Terroristenpack" in irgendeiner Form? Wir sollten aufhören, alles Fremdartige und Unbekannte abzulehnen. Es würde manchem Europäer (und Schweizer!) gut-tun, die Gastfreundschaft dieser Länder kennenzulernen. Er würde nicht mehr so unüberlegt und vorschnell urteilen.

Jonas Bühler, Flüelen

Urner Wochenblatt
Mittwoch, 5. Oktober 1988

Das Gewissen von Zürich

Wenn ich morgens um acht Uhr beim Zürcher Hauptbahnhof auf das Tram warte, das mich ins Büro bringt, taucht ab und zu ein Mann auf, den ich „Das Gewissen von Zürich" getauft habe. Sein Alter ist schwer zu schätzen. Wahrscheinlich ist er jünger, als er aussieht. Der Körper ein bisschen aufgeschwemmt, breitschultrig, nackenlange Haare, Walkman im Ohr, Sandalen an den Füssen. Weitere Kennzeichen: „Mattscheibe". „Nicht ganz hundert". Ein Anwärter für den Film „Einer flog über das Kuckucksnest".

Alle fürchten sich ein bisschen vor ihm, fühlen sich unbehaglich, gehen ihm aus dem Weg. Ich freue mich, wenn ich ihn sehe. Er lockert den Alltag auf. Bringt einige bunte Tupfer ins triste Grau. Sobald er auftaucht, wird ihm eine Gasse freigemacht. Bleibt er stehen, bildet sich ein leerer Platz um ihn. Die Leute, die mit mir auf das Tram warten, interessieren sich plötzlich intensiv für die Fahrleitungen über ihren Köpfen, den Dreck am Boden, den Rücken ihres Nachbarn, nur um seinen Blick nicht zu kreuzen. Er könnte sie ja womöglich noch ansprechen.

Ich habe ihn noch nie in ein Tram gehen sehen. Er läuft langsam hin und her, manchmal ein Segelschiff aus Holz in den Händen, und doziert. Im Stile eines Predigers. Oder Propheten. Über Gott und die Welt, Reagan und Gorbatschow, über alles Schlechte, die Heuchelei, das Herumrennen, die Sturheit, die Isolation der Menschen. Vieles ist Unsinn, das aus seinem Munde kommt. Manches aber trifft den Nagel auf den Kopf. Gemäss dem Sprichwort: *Kinder und Narren sprechen die Wahrheit.* Wahrscheinlich fühlen sich die Leute deswegen betroffen, weil er ihr Innerstes freilegt. An ihrem Gewissen kratzt. Und das am frühen Morgen. Auf nüchternen Magen.

Solche Männer sollten mehr herumgehen. Besonders jetzt. Zum Jahreswechsel. An unser aller Gewissen kratzen.

60

Weil wir selbst nicht mehr fähig sind, in uns hineinzuhören. Wir rennen nur noch drauflos. Weil uns irgendwann jemand gesagt hat, dass wir rennen sollen. Wohin wir eigentlich rennen, wissen wir oft selbst nicht. Ich zweifle, ob es jene wissen, die uns das Rennen lehren. Wie viele sind es heute, die ein Leben leben müssen, das nach Stress und Infarkt riecht, nur weil ihr Vorgesetzter rennt und sie in seinem Strudel mit sich fortreisst? Jeder Vorgesetzte, jeder Politiker, kurzum ein jeder, der Verantwortung trägt, sollte von Zeit zu Zeit stehenbleiben und überlegen, ob das, was er tut und anordnet, auch genau das ist, was die Menschen brauchen und wollen.

Ein neues Jahr steht vor der Schwelle. Jeder sollte für sich Bilanz ziehen. Mit sich ins Gewissen gehen. Überlegen, was er machen könnte, damit das Leben menschlicher und wärmer wird. Für sich selbst und die andern. Wenn er stehenbleibt und überlegt, wird er sehen, dass es oft nur sehr wenig braucht, um den

Mitmenschen ein bisschen glücklicher zu machen.

Jonas Bühler, Flüelen

Urner Wochenblatt
Samstag, 17. Dezember 1988

Gott und Kaiser

Wir alle haben wieder die Steuererklärung erhalten. Ich höre Tausende von Schweizern seufzen und fluchen, da es ihnen zuwider ist, die Formulare auszufüllen. Von der späteren Zahlung der Rechnung ganz zu schweigen.

Immer wenn ich von Steuern höre, kommen mir zwei Dinge in den Sinn: die Blödelverse von Joachim Ringelnatz und das Sprichwort *„Gebt dem Kaiser, was des Kaisers ist, und Gott, was Gottes ist“*.

Doch zuerst das Gedicht mit dem Titel *„Wie mag er aussehn?“*:

Wer hat zum Steuerbogenformular
Den Text erfunden?
Ob er in jenen Stunden,
Da er dies Wunderwirr gebar,
Wohl ganz – oder total – war?
Du liest den Text.
Du sinnst.
Du spinnst.

Du grinst.
Welch Rind's?
Und du beginnst
Wieder und wieder.
Eisigkalt
Kommt die Vision dir «Heilanstalt».
Für ihn?
Für dich?
Dein Witz erblasst.
Der Mann, der jenen Text verfasst,
Was mag er dünkeln oder wähnen?
Ahnt er denn nichts von Zeitverlust
und Tränen?
Wir kommen nicht auf seine Spur.
Und er muss wohl so sein und bleiben.
Auf seinen Grabstein sollte man nur
Den Text vom Steuerbogen schreiben.

Ich habe früher für Bekannte und Verwandte Steuererklärungen ausgefüllt. Es ist dies die undankbarste Arbeit, die es gibt. Ich habe damit Schluss gemacht. Nicht wegen der Arbeit an sich, sondern wegen den Begleitumständen. So war ich einmal zu einer Hochzeit eingeladen, in deren Verlauf mir der Bräutigam über den Tisch zurief: *«Wir müssen uns dann* noch über die Steuern unterhalten. Wie Du siehst, hat sich ja nun allerhand verändert.» Peinliches Schweigen verbreitete sich in der Runde. Ich hätte ihm eine Ohrfeige geben können. Hatte er an diesem Tag an nichts Schöneres zu denken?

Ein anderes Mal bekam ich ein Telefon von einer Kollegin: «Ich wollte Dir nur sagen, dass ich schwanger bin. Denkst Du dann daran, den Kinderabzug geltend zu machen?» War sie nur schwanger geworden, um dem Staat den Kinderabzug auszureissen?

Ein drittes Mal flogen mir Spendenbelege auf den Tisch. Winterhilfe. Rotes Kreuz. Überschwemmung in Bangladesch. Hungernde Kinder in Afrika. Und so fort. «Wir haben genau ausgerechnet, wieviel wir spenden müssen, um nicht in die nächsthöhere Progressionsstufe zu geraten.» Spenden und Helfen waren somit nicht mehr ein Anliegen des Herzens, sondern ein steuerlich und mathematisch berechenbarer Prozess. Widerlich!

Wir alle zahlen ungern Steuern. Man kann es aber auch übertreiben, Mittel und Wege zu suchen, um weniger Steuern zu bezahlen. Immer wenn ich es mit einem solchen Rappenspalter zu tun hatte, erinnerte ich ihn an das Sprichwort *«Gebt dem Kaiser, was des Kaisers ist, und Gott, was Gottes ist».* In den meisten Fällen half es. Die Unbelehrbaren seufzen und fluchen weiter.

Jonas Bühler, Flüelen

Urner Wochenblatt
Mittwoch, 22. Februar 1989

Postcheckkonto
10-15000 Lausanne

Der Bürgerkrieg im Libanon, der seit nunmehr 15 Jahren tobt, ist in diesen Wochen in sein bislang grässlichstes Stadium getreten. Die Zerstörungen, die Toten und das Leid der Bevölkerung aller Glaubensrichtungen sind für uns unvorstellbar.

Mein bester Freund lebt im Libanon. Er ist Christ. Sein Name ist Hicham, ein Emir aus dem Hause Chehab. Doch leben auch Prinzen in diesen Tagen wie Ratten in ihren Löchern. Gegensätze: Während meine Frau am Fernsehen «Das Traumpaar» verfolgt, versuche ich, mit Beirut Kontakt aufzunehmen. Beim 20. Male klappt es. Wie immer bin ich erleichtert, wenn ich die Stimme meines Freundes höre. Meine Frage nach dem Befinden beantwortet er stets mit «gut». Ich weiss, dass er lügt. Wie kann sich jemand gut fühlen, wenn ringsum Raketen und Granaten einschlagen? Wenn die Frau schwanger ist und ihre Nerven kaum mehr durchhalten? Wenn die Kinder weinen? Wenn es kein Wasser mehr gibt? Keinen elektrischen Strom? Wenn die Nahrungsmittel knapp werden? Wahrscheinlich trinkt er Arak, um seine eigenen Nerven zu beruhigen, um mir sagen zu können, dass es ihm «gut» geht. Beschissene Welt! Die Verantwortlichen trifft keine Kugel Sie bereichern sich womöglich noch am Leid des Volkes.

«Eine Rakete hat unseren Öltank getroffen, ohne zu explodieren! 6'000 Liter Heizöl sind ausgelaufen. Andere Geschosse trafen den Wagenpark. Alle Autos, die in der Einfahrt standen, sind total zerstört. Der Papst hat gesagt, er werde für uns beten. Wir brauchen mehr als Gebete! Wir brauchen jede Hilfe und Unterstützung, die wir bekommen können! Nicht die Moslems sind unsere Feinde. Unsere Feinde sind die Syrer.»

Ich höre seine Worte und fühle mich hilflos und ohnmächtig.

«Wie kann ich Dir helfen?»

«Schreib! Berichte allen, wie es uns geht. Erzähle, was ich Dir gesagt habe. Wir fühlen uns von der ganzen Welt verlassen!»

Die Schweizer Hilfswerke und die «Glückskette» rufen in diesen Tagen zu Spenden auf. Ich bitte Sie, auch Ihren Beitrag zu leisten. Ich habe getan, um was mich mein Freund gebeten hat: Ich habe den Aufschrei eines einzelnen libanesischen Christen weitergegeben und hoffe nun, dass noch andere Menschen ihn hören.

Jonas Bühler, Flüelen

Urner Wochenblatt
Samstag, 22. April 1989

Die Stimme des Propheten

Einige Leser werden sich vielleicht daran erinnern, dass ich in den Jahren 1986 bis 1989 in unregelmässigen Abständen Leserbriefe zu unerfreulichen Auswüchsen menschlichen Zusammenlebens geschrieben habe. Nie wollte ich mich zu politischen Vorgängen in unserem Land äussern. In der Zwischenzeit habe ich Erzählungen veröffentlicht, die ich vor zwanzig Jahren verfasste und die nach wie vor Gültigkeit haben. Eine Erzählung mit dem Titel *„Fluch der Macht"* lässt sich leicht auch auf Uri anwenden.

Die Erzählung handelt von Indianern, die aus wirtschaftlichem Machtstreben heraus ausgerottet werden, weil sie sich einem Eisenbahnprojekt durch ihr Land widersetzen. Womit wir bei Neat, EWR und EG wären. Sind nicht auch wir Urner Europas letzte Indianer, die auf dem Altar eines blinden Fortschrittglaubens geopfert werden sollen? Wir werden zwar

nicht wie die Indianer in meiner Erzählung hingeschlachtet, doch nach und nach
aus unserem Lebensraum verdrängt. Ist
dies humaner? Ist dieser Zwang in die
Anpassung und in die Emigration, der
schleichend auf uns einwirkt, nicht auch
eine Art Sterben? Verursacht er nicht
auch Leid? Und Tränen?

Ich bin ein beunruhigter Schweizer
Bürger. Beunruhigt und alarmiert durch
das Tempo, mit dem man uns die Integration in eine ungewisse europäische
Zukunft aufzwingen will. Am Tage, an
dem die Bundesräte vor die Presse tra-
ten, um den Entschluss zu erläutern, Bei-
trittsverhandlungen mit der EG aufzunehmen, sass ich mit meiner Frau in
Rapperswil am See. Ich hatte einen Tag
frei genommen und hatte somit Zeit, auf
meine innere Stimme, die Stimme des
Propheten, zu horchen. Wo bleibt die
sprichwörtliche eidgenössische Beson-
nenheit, um die uns unsere Nachbarlän-
der so beneiden? Ist alles weg? Ge-
schmolzen wie Eis unter der Sonne?

In diesen Stunden reifte in mir der Entschluss, mich zur Wehr zu setzen. Zu kämpfen, wie es schon mein Grossvater getan hatte. Auch er hatte auf die Stimme des Propheten gehört, als er seine Umwelt zu überzeugen versuchte, dass die Eisenbahn in Flüelen nicht mitten durchs Dorf, sondern im Berg um Flüelen herum geführt werden müsse. Auch er stiess auf Unverständnis, wie viele von uns in diesen Tagen auf Unverständnis stossen, die klar gegen den ehrgeizigen Fahrplan in Richtung EWR und EG Stellung beziehen. Sie werden belächelt. Als Ewiggestrige verspottet, die die Zeichen der Zeit nicht erkennen.

Ich möchte mit diesen Zeilen all jenen den Rücken stärken, die in den nächsten Monaten Stellung beziehen und dieses rasante und unvernünftige Tempo in Richtung Europa ablehnen. Ich bin nicht gegen eine Öffnung der Schweiz zu Europa, doch sollten wir nicht alles hinwerfen, was unsere Vorfahren in siebenhundert Jahren aufgebaut haben. Wir sind die Verwalter dieses grossartigen Erbes. Die

Schweiz hat dank ihrer einzigartigen Entwicklung, ihren föderalistischen Strukturen, ihrer direkten Demokratie, ihrem Verständnis für das friedliche Zusammenleben verschiedener Sprachen, Kulturen und Religionen und dank ihrer Neutralität die besten Voraussetzungen, in diesem Europa zu überleben und sogar eine Pionierrolle zu übernehmen. Sollen wir all dies wirklich aufgeben? Sollen wir wirklich zu einem Spielball fremder Mächte und ehrgeiziger Politiker werden? Die Vision einer Schweiz als Insel, als ruhender Pol inmitten des Wahns Europas, ist mir erstrebenswerter als eine Schweiz, die im Strudel unkontrollierbarer Ereignisse untergeht.

Jonas Bühler, Flüelen

Urner Wochenblatt
Samstag, 30. Mai 1992

Die Stimme des Propheten

Seit meinem letzten Artikel bin ich nicht untätig geblieben. Ich habe alles gelesen, was mir zu Neat, EWR und EG in die Hände fiel. Ich habe unzählige Gespräche geführt. Ich habe unsere Politiker am Fernsehen und bei öffentlichen Veranstaltungen miterlebt. Ich habe alle Hebel in Bewegung gesetzt, um an die *Botschaft des Bundesrates zum EWR-Abkommen* und an den *Bericht des Bundesrates zur Frage eines Beitritts der Schweiz zur Europäischen Gemeinschaft* zu gelangen. Ich habe mich an das neugeschaffene Integrationsbüro in Bern gewandt. Als Privatperson mit Adresse im Kanton Uri hatte ich keine Chance. Ich wurde auf den Zeitpunkt vertröstet, an dem die für die Öffentlichkeit bestimmte Version verfügbar sein würde.

Ich liess nicht locker, bis ich Botschaft und Bericht auf meinem Schreibtisch hatte. 871 Seiten stark. 10,4 cm dick. Fr. 261.30 für Fotokopien. Ich bekam bereits beim Durchblättern Krämpfe im Handgelenk. In den nächsten Tagen werde ich das ganze Vertragswerk erhalten. 1'500 Seiten stark. 129 Artikel. 49 Protokolle. 22 Annexe. Dahinter stehen weitere 1'500 Rechtsakten mit 12'000 Seiten Gesetzestexten. Ich begann das Unmögliche. Ich begann zu lesen. Seite für Seite. Wort für Wort. Meine schlimmsten Befürchtungen wurden wahr. Mit diesem EWR und dieser EG kommt eine Dampfwalze unbekannten Ausmasses auf uns zu. Da wird eine Bürokratie aufgebaut, die nicht mehr zu kontrollieren und zu stoppen ist. Bereits jetzt arbeiten 23'000 Beamte für diesen Moloch Europa. Jeder EWR- und EG-Befürworter sollte gezwungen werden, diese 871 Seiten Wort für Wort durchzulesen. Wie ich es tue. Ich frage mich, wie viele dann noch übrigbleiben. Es lässt sich nur eines sagen: *Wehret den Anfängen!* Unsere Politiker wollen uns weismachen, dass ein Ja zum EWR nicht auch ein Ja zur EG bedeute. Das Gegenteil ist der Fall. Der EWR ist eine Falle. Sowohl die Botschaft zum EWR wie der Bericht zur EG sind eine Einbahnstrasse. Dem dummen Volk wird keine Wahl gelassen. Das Ziel ist klar. Zuerst EWR. Dann EG.

Ich vermisse in diesen 871 Seiten Druckerschwärze eine Gegenüberstellung von Vor- und Nachteilen. Das Aufzeigen einer Alternative. Die Handschrift starker Wirtschaftsinteressen ist unverkennbar. Es darf keinen Ausweg geben!

Ich machte mich auf die Suche nach fundiertem Fachwissen. Nach neutraler Information des Für und Wider eines EWR- und EG-Beitritts. Ich fand sie. Ich empfehle allen Leserinnen und Lesern das Buch „Europa Entscheid" von Rudolf H. Strahm. Es zeigt in überschaubaren Kapiteln die Chancen und Risiken auf und überlässt es dem Leser, seine Schlüsse zu ziehen.

Ich habe meine Schlüsse gezogen. Ich lehne eine Wirtschaftsordnung ab, die quantitatives Wachstum zu Lasten von Umwelt und sozialem Frieden propagiert.

Und wo bleiben die Volksrechte? Wo bleibt unsere direkte Demokratie? Wo bleiben unsere föderalistischen Strukturen? Wo bleibt unsere Neutralität? Sie werden alle aufgeweicht und schliesslich abgeschafft. Diese ehrgeizigen Ziele, die der Vertrag von Maastricht recht deutlich widerspiegelt, lassen keinen anderen Schluss zu. Diese Ziele lassen sich nur zentralistisch erreichen. Das Volk mit seinem Pochen auf der direkten Demokratie wirkt dabei wie Sand im Getriebe eines Motors. Was die Volksrechte wert sind, zeigt das Beispiel Dänemark. Die Politiker gehen einfach darüber hinweg. Als wäre nichts geschehen. Sie haben sogar die Frechheit zu behaupten, dieses Beispiel zeige mit aller Deutlichkeit, wie föderalistisch die EG ist. In den nächsten Monaten liegt es nun an uns, diese Europhoriker auf den Boden der Wirklichkeit herunterzuholen.

Jonas Bühler, Flüelen

Urner Wochenblatt
Samstag, 27. Juni 1992

Volksverdummung

In meinem Leserbrief „*Die Stimme des Propheten*" habe ich den Leserinnen und Lesern das Buch „*Europa Entscheid*" von Rudolf H. Strahm zur Meinungsbildung um das Für und Wider eines EWR-/EG-Beitritts empfohlen. Ich bin in der Zwischenzeit auf eine weitere hochinteressante Broschüre mit dem Titel „*Europa mit der Schweiz / Die Schweiz ohne Europa*" gestossen. Die Broschüre wurde vom Integrationsbüro des Eidgenössischen Departements für auswärtige Angelegenheiten und des Eidgenössischen Volkswirtschaftsdepartements herausgegeben. Nach dem Durchlesen der 136 Fragen und Antworten zu EWR und EG bin ich zur Überzeugung gelangt, dass unsere Steuergelder allen Unkenrufen zum Trotz in guten Händen sind und äusserst sinn- und zweckvoll eingesetzt werden. Ich weiss nun endlich auch, welche Fragen uns Schweizerinnen und Schweizer im Hinblick auf die europäische Integration am brennendsten interessieren:

Darf dann jeder mit seinem Dackel frei durch Europa reisen?

Müssen Schweizer dann eine Busse, die sie in Rom gefasst haben, auch zahlen?

Gibt es dann bald die europäische Einheits-Kuh?

Können dann alle Schweizer Fussballer in ausländischen Vereinen spielen?

Werden Mortadella und Parma-Schinken dann billiger?

Wird dann Whisky billiger?

Können wir dann immer noch unser „Zweierli" bestellen?

Werden dann die „Basler Läckerli" verboten?

Können Schweizer dann ihren WK in Portugal absolvieren?

Darf bei uns dann auch Marihuana geraucht werden wie in Amsterdam?

Gibt es bei uns dann auch Karneval und Fasching?

Die Liste liesse sich beliebig fortsetzen, doch verzichte ich darauf, um die Intelligenz der Leserinnen und Leser nicht unnötig zu strapazieren. Offenbar gehen die EWR-/EG-Befürworter im Integrationsbüro in Bern davon aus, dass das gesamtschweizerische Intelligenzniveau dem Ihren entspricht.

Jonas Bühler, Flüelen

Urner Wochenblatt
Nach dem 26. September 1992

EWR und EG

Allerheiligen

An Allerheiligen stehen wir am Grabe unserer Verstorbenen und gedenken ihrer im Gebet. Ich hoffe, dass sich dann alle auch einen Augenblick Zeit nehmen und sich überlegen, was unsere Vorfahren dazu sagen würden, wenn sie wüssten, dass alles, was ihnen lieb und teuer war und wofür sie sich ein Leben lang einsetzten, von uns möglicherweise in einem beispiellosen Akt der Gewissenlosigkeit für die vage Aussicht auf ein paar Silberlinge verschachert wird. Alle Schweizerinnen und Schweizer sind aufgerufen, sich für den Erhalt unseres Landes einzusetzen. Wir schulden dies nicht nur unseren Vorfahren, sondern noch viel mehr unseren Nachkommen.

Jonas Bühler, Flüelen

Urner Wochenblatt
Mittwoch, 28. Oktober 1992

Projekt „Alcazar"

Die Swissair: ein Sonderfall?

Der geplante Zusammenschluss unserer nationalen Fluggesellschaft mit drei weiteren europäischen Fluggesellschaften erhitzt die Gemüter. Er beschäftigt Medien, betroffene Verbände und in immer stärkerem Masse auch die Politiker.

Mit Recht! Die Swissair ist nicht eine ix-beliebige Gesellschaft. Die Swissair verkörpert einen Teil von uns selbst. Sie ist eines der Aushängeschilder unserer Schweiz. Der Verlust der Eigenständigkeit und das frühere oder spätere Verschwinden des Markenzeichens *Swissair* bedeutet einen ernstzunehmenden Imageverlust unseres Landes. Doch dies ist gewissen Kreisen wahrscheinlich nur recht und billig! Es kommt mir so vor, als ob die Kräfte, die uns in den EWR und die EG führen wollten, nun mit aller Kraft versuchen – trotz Nein durch Volk und Stände – Stück um Stück unserer nationalen Identität zu demontieren und ans Ausland zu verschachern.

Ich weiss, dass ich mit meinem Denken in den Augen vieler auf den Misthaufen der Geschichte gehöre. Das ist mir egal! Mein Herz schlägt für die Schweiz und alles, was sie ausmacht und ich bin stolz darauf!

Zugegeben, die Swissair kämpft mit ernstzunehmenden Schwierigkeiten. Welche Fluggesellschaft tut das nicht angesichts der Überkapazitäten und des mörderischen Preiskampfes im Flugbetrieb? Im Leben muss es aber noch andere Eckwerte geben als wirtschaftliches Denken und Handeln. Eckwerte wie Stolz und Würde. Wir können nicht zulassen, dass die Swissair untergeht! Ich bin schon mit vielen Fluggesellschaften geflogen. Aber zu Hause fühlte ich mich nur dann, wenn ich irgendwo auf der Welt eine Swissair-Maschine bestieg. Auch das ist Heimat! Wem seine Heimat nichts mehr bedeutet, der verliert seine ureigenste Identität, seine Seele. Wir sagen an diesem Wochenende Ja zur Armee. Sagen wir auch Ja zur Swissair! Denn auch die Swissair ist ein Stück Landesverteidigung. Machen wir Druck auf Politiker und Parteien, dass das Projekt „Alcazar" nochmals überdacht wird.

Jonas Bühler, Flüelen

Urner Wochenblatt
Eingesandt 1. Juni 1993
Veröffentlichung nicht ersichtlich

Auf den Müllhaufen
der Geschichte!

Ich beobachte mit Besorgnis das Bestreben der Parteien und Medien im Kanton Uri, die Frage eines EWR- und EG-Beitritts im Zusammenhang mit den gegenwärtigen National- und Ständeratswahlen auszuklammern. Abgesehen von ein paar wenigen lobenswerten Leserbriefen ist nichts zu verzeichnen. Man befasst sich mit den Pickeln im Gesicht, und vergisst das Krebsgeschwür. Man löscht die Lagerfeuer, und sieht nicht, dass der ganze Wald in Flammen steht. Auch an der Kundgebung „Ja zur Schweiz – Nein zu EWR/EU" vom vergangenen Samstag in Zürich war der Kanton Uri nicht präsent. Vergebens suchte ich eine Urner Fahne, unter die ich mich stellen konnte. Ich marschierte dann unter den Transparenten der AUNS.

Wo ist der Geist unserer Vorfahren geblieben? Sind auch wir müde geworden? Heimatmüde? Ist es der FDP und der CVP gelungen, den Kanton Uri ruhigzustellen? Das Bestreben der FDP, die seitens der SVP als Hauptthema des Wahlkampfes forcierte EWR/EU-Frage als „Schattenboxen" abzutun, grenzt an Gerissenheit. Und der Versuch der CVP, sich um das Thema gänzlich zu drücken, wirkt beinahe schon mitleiderregend. Man will nicht Stellung beziehen. Nach den Wahlen werden dann in den beiden Räten in Bern die EWR/EU-Befürworter wie Pilze aus dem Boden schiessen. Plötzlich wird der Beitritt der Schweiz zu EWR und EU wieder das brennendste aller Themen sein. Aber wie gesagt: erst nach den Wahlen!

Die vordringlichste Aufgabe der drei Parlamentarier, die wir demnächst nach Bern schicken, sollte es sein, sich kompromisslos gegen jeden Beitritt der Schweiz zu EWR und EU einzusetzen. Ich habe von keinem der Kandidaten eine diesbezügliche Stellungnahme gehört oder gelesen. Die AUNS gibt ihren Mitgliedern im Kanton Uri keine Wahlempfehlung. Vielleicht, weil sie weiss, dass dort die Knechte noch tun, was der Meister von ihnen verlangt! Hoffen wir es!

Wir müssen das Thema eines EWR- und EU-Beitritts so rasch wie möglich auf den Müllhaufen der Geschichte werfen! Die übrigen anstehenden Probleme sind zweitrangig. Sie lassen sich lösen, wenn wir uns wieder auf uns selbst besinnen und nicht mehr auf die Hilfe jenseits der Grenze schielen!

Jonas Bühler, Flüelen

Urner Wochenblatt
Mittwoch, 27. September 1995

Was ist das für ein Land?

Ich träume von einem Land, um das sich schützend der „Goldene Ring" legt. Ich träume von Familien und Gemeinwesen, die der „Goldene Ring" umschliesst.

Ich sehe Familien in Zerrüttung, Gemeinwesen in Auflösung und ein Land, dessen Grenzen ausgefranst und durchlöchert sind.

Ich träume von einem Land, in dem der Weitblick der Weisen geachtet und ihr Rat befolgt wird.

Ich sehe ein Land, in dem kurzsichtige Abenteurer als Helden verehrt und umjubelt werden und die Weisen noch in der Wiege liegen, unfähig, den Lauf der Zeit zu ändern.

Ich träume von einem Land, in dem die Verfassung noch heilig ist und ein Schwur noch Gottes Atem in sich trägt.

Ich sehe ein Land, in dem die Verfassung mit Füssen getreten wird und ein Schwur weniger gilt als ein Windhauch.

Ich träume von einem Land, in dem Regierung und Verwaltung die Diener des Volkes sind.

Ich sehe ein Land, in dem das Volk von Regierung und Verwaltung hintergangen wird.

Ich träume von einem Land, dessen Volk in Frieden und Freiheit sein Geschick selbst bestimmen kann.

Ich sehe ein Land, in dem die Freiheit des Volkes fragwürdigen Interessen geopfert wird.

Ich träume von einem Land, in dem die Stärkeren den Schwächeren zur Seite stehen.

Ich sehe ein Land, in dem die Falschen fordern und jammern und die Reichen sich aus der Verantwortung stehlen.

Ich träume von einem Land, in dem die Menschen stolzen Hauptes ihre Meinung sagen können.

Ich sehe ein Land, in dem die Meinung der Menschen die Meinung der Vorgesetzten und Auftraggeber widerspiegelt, aus Angst, Stelle und Auftrag zu verlieren.

Was ist das für ein Land? Ich mache mich auf, meinen Traum zu suchen.

Jonas Bühler, Flüelen

Urner Wochenblatt
Samstag, 24. Februar 1996

In die Startlöcher, Urnerinnen und Urner!

Die Katze ist aus dem Sack! Alle führenden politischen Kräfte ziehen am gleichen Strick! Der Bundesrat hat freie Hand, die festgefahrenen bilateralen Verhandlungen zu deblockieren. Selbst Ueli Maurer, Parteipräsident der SVP, ist gekippt. Doch ist dies der falsche Weg, Profil zu gewinnen! Die Zukunft wird es zeigen!

Was nun auf uns zukommt, ist der erste Schritt in die Unfreiheit. Unter Missachtung des Volkswillens werden wir langsam aber sicher für die EU-Mitgliedschaft weichgeklopft. Diesmal über den in Panik erzwungenen Abschluss der bilateralen Verhandlungen. Und die Parteien bieten Hand! Alle EU-Bürgerinnen und -Bürger sollen die volle Personenfreizügigkeit erhalten. Die Inländerbevorzugung soll aufgehoben werden. Die Kontingente sollen fallen. Schutzklauseln? Ein Hohn!

Urnerinnen und Urner, in die Startlöcher! Schwere Zeiten kommen auf uns zu! Das Referendum liegt in der Luft! Die Pflöcke sind eingeschlagen! Noch hat in der Schweiz das Volk das letzte Wort!

Was wir hier erleben, ist der Ausverkauf der Heimat. Wir erleben die Verschacherung des Familienunternehmens Schweiz. Die Luft riecht jetzt schon stark nach Fremdbestimmung. Der Gang der bilateralen Verhandlungen war von allem Anfang an eines freien und stolzen Volkes unwürdig! Was ist aus uns geworden? Fliesst kein Stolz mehr durch unsere Adern? Haben Freiheit und Unabhängigkeit für uns ihren Wert verloren? Ein Umdenken tut not!

Ich habe kürzlich an einer Veranstaltung gesagt, dass ich eine Badewanne vor mir sehe, wenn ich mir die Lage im Kanton Uri vor Augen halte. Eine Badewanne, mit Wasser gefüllt. Auf der Oberfläche treibt ein grosses Blatt, auf dem kleine Menschlein geschäftig hin- und herrennen und sich Gedanken darüber machen, wie ihr kleiner Lebensraum geordnet werden kann, ohne zu sehen, dass der Stöpsel aus der Badewanne gezogen wird und sie alle samt dem Wasser und dem Blatt immer schneller in den Ablauf gesogen werden, dorthin, wo nur noch die Finsternis der Unfreiheit und der Fremdbestimmung inmitten der Europäischen Union (EU) herrscht.

Noch ist es Zeit, den Stöpsel wieder in den Ablauf zu stossen! Pfeifen wir unsere Politiker zurück! Nehmen wir sie an die Kandare! Verfügen wir einen Marschhalt! Ziehen wir das EU-Beitrittsgesuch aus Brüssel ab! Überdenken wir die eigenen Stärken und das Ziel der bilateralen Verhandlungen! Beginnen wir wieder, uns als eine Familie zu fühlen! Und stehen wir wieder hinter dem Familienunternehmen Schweiz!

Wie jeder Familienvater die Pflicht hat, in erster Linie für seine eigene Familie zu sorgen, so haben wir Schweizerinnen und Schweizer die Pflicht, in erster Linie für unser Land, für unsere Heimat, für unsere Kultur, Herkunft und Geschichte einzustehen. Die Schweiz als freier, unabhängiger, souveräner Staat unter gleichberechtigten, freien, unabhängigen, souveränen Staaten. Das ist die Zukunft Europas! Nicht ein Schmelztiegel nach den Vorstellungen der Brüsseler Politiker und Bürokraten. Setzen wir ein Zeichen! Erheben wir uns! Bauen wir an einem Leuchtturm der Freiheit und Unabhängigkeit, der mahnend und warnend in die ganze Schweiz ausstrahlt!

Jonas Bühler, Flüelen

Urner Wochenblatt
Samstag, 6. April 1996

Neue Urner Zeitung
Donnerstag, 11. April 1996:
Den Stöpsel wieder in den Ablauf stossen!

Gipfeli aus Tschechien

Am vergangenen Donnerstag wurde dem „Patienten Uri" von fünf Vertretern aus Politik, Wirtschaft und Erziehung der Puls gemessen. Da ich an allen Themen interessiert bin, die den Kanton Uri betreffen, habe auch ich mich in den „Uristier"-Saal der Dätwyler AG begeben, um zu erfahren, bei welcher Markierung die Quecksilbersäule auf dem Fieberthermometer ausschlägt.

Wenn man nach einem anstrengenden Tag zwei Stunden lang mit Informationen berieselt wird, bleibt meist nur wenig, an das man sich später noch erinnert. Zwei Sachen sind mir geblieben: die Gipfeli aus Tschechien (wahrscheinlich, weil ich der Sohn eines Bäckers bin!) und die Verunsicherung der Wirtschaft.

Herr Dr. Alois Stadler, Direktor der Schweizerischen Munitionsunternehmung, veranschaulichte die Globalisierung der

Wirtschaft anhand tiefgekühlter Gipfeli, die mit Billigsttransporten aus Tschechien auf unserem Frühstückstisch landen und die einheimischen Backwaren konkurrenzieren und verdrängen. Des weitern wies Dr. Alois Stadler auf die Verunsicherung der Wirtschaft in der Schweiz hin, die angesichts der ungewissen integrationspolitischen Lage davor zurückschrecke, Investitionen in der Schweiz zu tätigen.

Dazu ist eines zu sagen, was in der Diskussionsrunde nicht zur Sprache kam: Warum ist die Wirtschaft verunsichert? Doch nur darum, weil die Politik die Rahmenbedingungen nicht fixiert! Volk und Stände haben am 6. Dezember 1992 Nein zum EWR gesagt, doch hält der Bundesrat in ungekannter Sturheit und Torheit am strategischen Ziel des EU-Beitritts fest und unternimmt alles, dieses Ziel auch durchzusetzen, sei es auf dem Wege der bilateralen Verhandlungen, oder über einen zweiten EWR-Anlauf.

Erst einmal so weit, wäre die Schweiz – und Uri – wirklich vor der Abstiegsrunde! Dann kämen nicht nur die Gipfeli aus Tschechien zu uns, sondern auch die dazugehörigen Bäcker! Es gibt nur eines, das die Wirtschaft stärkt: akzeptieren, dass die Mehrheit der Schweizerinnen und Schweizer nicht in die Europäische Union will, die Beitrittsbemühungen einstellen und der schweizerischen Wirtschaft dadurch die lähmende Unsicherheit über die Marschrichtung nehmen, da das Ziel dann klar wäre: Ja zum Wirtschaftsstandort Schweiz, Ja zur Zusammenarbeit mit allen Staaten Europas und der Welt, aber Nein zur Integration der Schweiz in die Europäische Union! Wenn diese wichtigste aller Rahmenbedingungen steht, dann werden wir auch die Gipfeli aus Tschechien bewältigen!

Jonas Bühler, Flüelen

Urner Wochenblatt
Mittwoch, 1. Mai 1996

Ein Tag in Altdorf

Als Christoph Blocher an jenem ver-
regneten Abend im Jahre 1992 den „Uristier"-Saal der Dätwyler AG in Altdorf
bis zum Bersten füllte, stiessen meine
Frau und ich in der Hostellerie Sternen in
Flüelen auf Dr. Franz Blankart, einen unserer drei Staatssekretäre. Wir führten
im Hotelflur ein angeregtes Gespräch
über die Auswirkungen eines EWR-
Neins, und ich bin mit der festen Absicht
zu Bett gegangen, diesem Staatssekretär
bei der ersten mir bietenden Gelegenheit
„eis as Schybei z ginggä".

Die Gelegenheit kam letztes Jahr. Mit
Podest, Plakat und grossem Schirm ver-
sehen, sammelte ich am 4. November
1995 beim Brunnen auf dem Unterlehn
Unterschriften gegen das Regierungs-
und Verwaltungsorganisationsgesetz, das
am 9. Juni 1996 zur Abstimmung gelangt.
Der Kerngedanke dieses Gesetzes, die
Verwaltung zu straffen und die Abläufe

115

übersichtlicher zu gestalten, ist unbestritten. Verpackt in die Vorlage ist jedoch die Schaffung von zehn Staatssekretären. Der Gedanke, weitere Blankarts und Kellenbergers wie Pilze aus dem Boden schiessen zu sehen, liess mich an jenem 4. November 1995 trotz Eiseskälte und Schneetreiben auf dem Unterlehn ausharren. Während Melanie mit ihrem Velo um den Brunnen kurvte und Dominik von Gleichaltrigen mit Schneebällen eingedeckt wurde, sammelte ich von neun Uhr morgens bis fünf Uhr abends 28 Unterschriften. Es soll mir niemand kommen, der die für Referenden und Initiativen erforderliche Unterschriftenzahl heraufsetzen will! In Schattdorf, Erstfeld und Bürglen brachte ich weitere 58 Unterschriften zusammen.

Mit Genugtuung hörte ich, dass das Referendum trotz meines geringen Erfolges in Uri mit 70'698 Unterschriften zustande kam. Auf Uri entfielen 434 Unterschriften. Ich hoffe nur, dass am 9. Juni 1996 auch die restlichen Urnerinnen und Urner zur Urne gehen und die Vorlage und damit diese geplanten überflüssigen Staatssekretäre zu Fall bringen!

Eine weitere Führungsebene, die aus Staatssekretären besteht, bringt den „überlasteten" Bundesräten mit Sicherheit keine Entlastung. Sie bringt uns allen zusätzliche Bürokratie und Leerlauf. Und immense Kosten bei ohnehin schon leeren Kassen. Mit Spannung warte ich auf das Abstimmungsergebnis vom 9. Juni 1996, um zu wissen, ob ich an jenem Samstag im letzten Jahr vergeblich meine Finger, Zehen und meinen Hintern abgefroren habe, oder ob sich meine Mühe schliesslich doch noch auszahlen wird.

Jonas Bühler, Flüelen

Urner Wochenblatt
Mittwoch, 29. Mai 1996

Wovon träumt ein Kind? Wovon träumen Erwachsene?

Olivia ist bei uns. Mein Patenkind. Achtzehn Monate alt. Ein kleiner Wirbelwind. Selbst kinderlos, habe ich die grösste Mühe, alles wieder hinzustellen, was sie in ihre kleinen Händchen bekommt. Unsere Wohnung ist nicht für Kinder eingerichtet. Eine Katze aus Ton zum Zerschlagen. Ein Schweinchen aus Porzellan zum Zerbrechen. Ein Uhrwerk zum Verschlucken. So räume ich weg und stelle wieder hin. Hätte ich selbst Kinder, würde ich das fruchtlose Unterfangen bestimmt schon längst aufgegeben haben. Selbst die Tasten meines Schreibtischcomputers sind nicht sicher vor ihr. Ein Griff hinein und schon ist alles blockiert.

Windeln zu wechseln weigere ich mich. Zähne zu putzen ebenfalls. Sie lässt sich nicht wickeln. Sie lässt sich nicht waschen. Und sie lässt sich nicht zu Bett bringen. Alles Zureden meiner Frau hilft nichts. Das kleine Quecksilber zerrinnt ihr zwischen den Fingern. Zum Verzweifeln!

„Jonas, versuch du, Olivia zu Bett zu bringen!" ermahnt mich meine Frau.

Ich versuche es. Ich bin vom Ergebnis selber überrascht.

„So Olivia, gib mir dein Händchen, jetzt gehen wir ins Bett! Jetzt krabbelst du das Bettchen hinauf, kriechst in den „Känguruhbeutel" (Zewi-Decke), streckst die Ärmchen durch die Löcher, schwupps, der Reissverschluss ist zu, das Knöpfchen ebenfalls, hier hast du dein Häschen, und jetzt wird Olivia schlafen!"

Und Olivia saugt an ihrem Schnuller und zupft an ihrem Stoffhasen. Ich drehe das Licht herunter und schliesse mit den Fingern sanft Olivias Augen.

„Mach die Äuglein zu, Olivia! Alle gehen jetzt schlafen. Der Mond. Die Sternchen. Die Fischchen im Wasser. Die Häschen im Feld. Die Füchschen im Wald. Und alle kleinen Menschenkinder."

Meine Finger benetzt eine Träne. Weint Olivia? Oder schläft sie schon? Weint sie im Schlaf? Oder träumt sie? Wenn ja, wovon? Wovon träumt ein Kind? Vom Mond? Von den Sternchen? Von den Fischchen im Wasser? Den Häschen im Feld? Den Füchschen im Wald? Von andern kleinen Menschenkindern?

Wovon träumen wir Erwachsenen? Von Mord und Totschlag? Von Ehebruch und Vergewaltigung? Vom Wahnsinn in Bosnien? Von Saddams Schergen im Nordirak? Vom Mobbing am Arbeitsplatz? Von Stellenabbau und Arbeitslosigkeit? Von unserer Gier nach Geld, Ansehen und Leben?

Ja, das ist unsere Welt! Die Welt der Erwachsenen. Und wir lassen unsere Kinder in diese unsere Welt hineinwachsen. Hätten wir doch auch noch Träume wie Olivia! Helfen wir alle mit, diese Kinderträume Wirklichkeit werden zu lassen! Jetzt! Nicht erst, wenn Olivia nicht mehr die Kraft zum Träumen hat!

Jonas Bühler, Flüelen

Urner Wochenblatt
Mittwoch, 18. September 1996

··· und die Soziale Frage

Unsere Wirtschaft und Gesellschaft spüren in zunehmendem Masse den Hobel der weltumspannenden Globalisierung. Die Märkte in Europa sind gesättigt. Der Konsumrausch ist vorbei. Der Aktienmehrwert oder Shareholder's Value ist in aller Munde. Wo gehobelt wir, da fallen Späne. Späne in Form von Arbeitslosen. Eine Verdoppelung der Arbeitslosenzahl in den nächsten Jahren ist keine Utopie mehr. Wir alle sind gefordert, die Soziale Frage zu beantworten, die sich aus steigenden Arbeitslosenzahlen, stellenlosen Jugendlichen, Überalterung der Gesellschaft, Verarmung der unteren Schichten, Aushöhlung des Mittelstandes und inflationären Fürsorgekosten ergibt.

Es kann doch einfach nicht sein, dass sich die Schöpfer und Nutzniesser des Aktienmehrwerts oder Shareholder's Value um die Beantwortung der Sozialen Frage drücken und die Folgekosten ihres

Tuns auf dem Schuldenberg der öffentlichen Hand entsorgen. Alle reden davon, die Staatsausgaben zu senken und Eigenverantwortung zu übernehmen. Taten statt Worte sind gefordert!

Warum stellen Aktionäre, die durch Restrukturierungen und Fusionen (sprich: Personalentlassungen) ihrer Unternehmen Aktienmehrwert schaffen, nicht einen Teil dieses Mehrwerts als Sozialdividenden für Härtefälle zur Verfügung? Das wäre Eigenverantwortung und gelebte Solidarität! Und bringt eine Entlastung der öffentlichen Haushalte!

Ich selbst bin ein Rufer in der Wüste. Ein Verfechter eines Systemwechsels weg von der Einkommensbesteuerung hin zur Vermögensbesteuerung, weil ich mir sage, dass sich die Schuldenberge der öffentlichen Hand nur abtragen lassen, wenn die jährlichen Defizite automatisch auf das gesamte Volksvermögen überwälzt werden. Menschliches Tun schmerzt nur, wenn wir es am eigenen Leibe spüren. Defizite werden auch in den nächsten Jahren die Regel sein, weil Sparen für unsere Politiker ein Fremdwort ist. Defizite lassen sich nicht aus der Besteuerung sinkender Einkommen abtragen. Und eine Erholung unserer Wirtschaft ist auf lange Zeit hinaus nicht in Sicht. Wenn wir alle stattdessen jährlich die Quittung für unser Tun berappen müssten, würde der Druck auf unsere Wirtschaftsführer und Politiker so gross, dass soziale Verantwortung wieder gelebt würde. Nicht in Umverteilung an alle, sondern in gezielter Hilfe an die wirklich Bedürftigen in unserer Gesellschaft.

Eine Vision? Ja! Visionen sind verpönt. Ich weiss. Doch hat schliesslich alles einmal mit einer Vision, einem Traum begonnen. Und die Vision von einer besseren, solidarischeren Welt muss geträumt werden, solange es Menschen auf dem Planeten Erde gibt.

Jonas Bühler, Flüelen

Urner Wochenblatt
Mittwoch, 20. November 1996

Ist der Geist vom Rütli tot?

Aus gesundheitlichen und finanziellen Gründen ist es still um mich geworden. Mein Einsatz für die Schweizerische Volkspartei SVP und die Aktion für eine unabhängige und neutrale Schweiz AUNS in Uri läuft auf Sparflamme. Mein Geist jedoch ist ungebrochen. Ein Blatt Papier und einen Kugelschreiber finde ich noch allemal.

Beim Durchlesen des Urner Wochenblattes vom vergangenen Samstag sind mir zwei Dinge aufgefallen: der Artikel über den EKC in Uri auf der ersten Seite und das Inserat der SVP über den Vortrag von Nationalrat Christoph Blocher im Innern der Ausgabe.

Ich komme eben von diesem Vortrag nach Hause zurück. Die Schweiz und der Zweite Weltkrieg. Eine Klarstellung. Ja, es war eine Klarstellung! Und ein ungebrochenes, aufrichtiges Bekenntnis zur

Freiheit, Unabhängigkeit und Neutralität unseres Landes! Aus allen Landesteilen sind Schweizerinnen und Schweizer ins Hotel International nach Zürich gereist. War ich der einzige Urner?

Eine andere Frage: Muss Christoph Blocher eigentlich immer die ganze Arbeit alleine machen? Wo ist der Geist vom Rütli? Wo sind die Urnerinnen und Urner, die das Blut unserer Vorfahren noch in den Adern haben? Wo ist das Bollwerk gegen die von aussen und innen wirkenden Kräfte, die unser Land und unsere Demokratie zu zersetzen drohen? Wo stehen die Urkantone? Abgesehen von Schwyz? Wo sind die Stimmen aus Uri? Aus Nidwalden? Und Obwalden?

Investieren die Urnerinnen und Urner ihr Geld lieber in „Letters"? Statt in ihre Freiheit und Unabhängigkeit? *„Mit „Letters" wurde in Uri ein Umsatz von 41 Millionen Franken gemacht"*, lese ich im Urner Wochenblatt. Wo sind die Urnerinnen und Urner, die SVP und AUNS in ihrem beispiellosen Kampf um unser höchstes Gut, die Freiheit, mit persönlichem Einsatz und finanziellen Mitteln unterstützen?

Für meine gescheiterte Aufbauarbeit für eine Interessengemeinschaft SVP Uri brachte ich gerade 28 Mitglieder und 367 Franken zusammen! Die AUNS zählt in Uri etwa 100 Mitglieder, was jährlichen Beiträgen von etwa 3'500 Franken entspricht! Es ist eine Schande! Der Freiheitsdrang wurde in den Urkantonen geboren. Die Frauen und Männer in den Urkantonen sollten das Heft wieder in die Hand nehmen! Eine Mitgliedschaft bei der SVP oder der AUNS wäre ein erster wichtiger Schritt! Der Geist vom Rütli darf nicht sterben!

Jonas Bühler, Flüelen

Urner Wochenblatt
Mittwoch, 5. März 1997

Von der Angst, anders zu sein

Die Schweiz begibt sich immer mehr auf einen Weg, der mir nicht mehr behagt. Es ist nicht mehr die Schweiz, die mir Heimat bedeutet. Die mir Sicherheit und Geborgenheit gibt. Die Schweiz wird mir zunehmend fremd. Es ist eine Schweiz der Gleichgültigkeit, der Anpasserei und der Angst. Angst, aufzufallen. Angst, anders zu sein. Angst, von irgend jemandem als unsolidarisch erklärt zu werden.

Was ist solidarisch daran, unsere Soldaten, ob bewaffnet oder unbewaffnet, in fremde Krisengebiete zu entsenden? Noch so viele in Konfliktzonen von Soldatenhand gezimmerte Dächer können den Schaden nicht wettmachen, den unsere Neutralität und Unabhängigkeit durch diese falsch verstandene Solidarität erleidet. Nicht zu reden von der Einbusse an Glaubwürdigkeit, den unsere

Hilfswerke, allen voran das Rote Kreuz, erfahren werden. Es kommt nicht von ungefähr, dass die Schweiz das Gründungsland des Roten Kreuzes wurde. Nur die Schweiz mit ihrer Auffassung von Neutralität und Unabhängigkeit konnte einer Organisation wie dem Roten Kreuz den notwendigen Rückhalt geben. Tragen wir deshalb Sorge zu unserer humanitären Tradition!

Die Schweiz hätte es als einziges Land der Welt in der Hand, als Bollwerk des Friedens und der Freiheit, und als Leuchtturm der Toleranz zwischen verschiedenen Religionen und Kulturen in die Welt hinaus zu strahlen. Mit einer Armee, die diese Werte unter Umständen bis zum Äussersten verteidigt. Im eigenen Lande. Nicht in der Fremde. Dies ist die Erfolgsgeschichte der Schweiz. Dies sind die Prinzipien, die ganze Generationen vor uns hochgehalten haben. Wollen wir dies alles durch einen unüberlegten Entscheid an der Urne gefährden? Wollen wir das Lebenswerk unserer Vorfahren zunichte machen?

Wir leben in einer Welt, in der jeder dem andern dreinredet. Jeder fühlt sich berufen, die Probleme der andern lösen zu müssen. Hören wir auf, andern dreinzureden! Lassen wir sie selbst in ihren Häusern für Ordnung sorgen! Wir haben im eigenen Hause genug zu tun. Die Solidarität mit geschundenen Völkern führt über unseren ganz persönlichen Einsatz und über unsere Hilfswerke. Nicht auf dem Umweg über geltungssüchtige Politiker und Militärs mit ihrer staatlich verordneten Solidarität! Den beiden Militärvorlagen ist auch aus diesem Grunde eine Abfuhr zu erteilen!

Jonas Bühler, Flüelen

Urner Wochenblatt
Samstag, 26. Mai 2001

Taschentücher
für geheuchelte Tränen

Seit dem 1. Juli 2003 bin ich arbeitslos und teile so das Schicksal mit zehntausenden anderer Frauen und Männer in der Schweiz. Gemäss Verfügung Nr. 1437 habe ich die Arbeitslosigkeit infolge eigener Kündigung des Arbeitsverhältnisses selbst verschuldet und kann somit weder mit Anteilnahme noch mit Schonung rechnen. Ja, es trifft mich sogar mittelschweres Verschulden, das sich sogar als schweres Verschulden entpuppt, wenn man genauer rechnet. Wie andere Arbeitslose trifft mich in diesem Fall die volle Härte des Gesetzes mit seinen Sanktionen und Strafen.

Zusammen mit meinen arbeitslosen Kolleginnen und Kollegen schwimme ich nun seit Monaten in der Kloake eines sozialen Systems, das mangels Menschen mit sozialer Verantwortung von Bürokraten zur Gewissensberuhigung der Nation auf die Beine gestellt worden war. Dass wir in dieser Kloake Wasser schlucken, ist gewollt. Aus den Rettungsringen, an die wir uns klammern, entweicht langsam aber sicher die Luft. Ab und zu fliegen uns Schachteln mit Antidepressiva und anderer Psychopharmaka um die Ohren. So kann man uns zur Not ruhig stellen.

Mit uns in dieser Kloake strampeln oder treiben weitere Frauen und Männer, deren Rettungsringe die Farbe anderer Versicherungen oder die des Sozialamtes tragen. Auch aus ihren Rettungsringen pfeift die Luft. Über einigen von ihnen kreisen unerbittlich Adler, erkennbar an der in grüne Farbe getauchten rechten Flügelspitze. Ab und zu stossen wir auf Treibgut, das längst aus jeder Statistik gefallen ist, und das kaum mehr Leben aufweist.

So schwimmen wir Schwimmfähigen denn alle mehr oder weniger trotzig, entmutigt oder schicksalergeben um das Bollwerk Schweiz, in dem sich alle eisern verschanzen, die noch über Arbeit und Geld verfügen. Das Bollwerk weist schon seit längerer Zeit klaffende Risse auf, die einfallsreich mit Tannenschmuck und Weihnachtsgirlanden überdeckt sind. Angstschweiss und Fäulnis wird mit vermehrtem Einsatz von Duftkerzen bekämpft. Die Seufzer der Überarbeiteten, Gestressten, Verzweifelten und Gemobbten werden von dezenter Weihnachtsmusik erstickt.

Die Medien machen an vorderster Front auf „Heile Welt", während hinten bereits wie Fürze ein weiteres Kontingent an überflüssigen Frauen und Männern aus dem Bollwerk in die Kloake entsorgt wird. Ab und zu wird ein halbwegs Brauchbarer ins Bollwerk gehievt, um einen Ausgebrannten oder Durchgedrehten zu ersetzen, bis auch ihn wieder das gleiche Schicksal trifft.

Selbsternannte Experten werden nicht müde, Ursachen aufzuzeigen, Lösungen anzubieten, und den Betroffenen die Krise als einmalige Chance zu verkaufen, während Wetterfrösche ein Aufhellen der Konjunktur vorgaukeln und Wanderprediger den Wasserschluckenden Mut und Durchhaltewillen einpauken.

Kein Wunder, beten immer mehr Menschen zu Gott, da sie von den eigenen Mitmenschen keine Hilfe mehr zu erwarten haben. Doch hat auch Gott dieses System längst verlassen. Unter dem Weihnachtsbaum liegen keine Bibeln mehr, sondern die neuesten Gesellschaftsspiele des Raubtierkapitalismus, Scheuklappen zum Ausklammern all des Elends in der Welt ringsum und Taschentücher für die vielen geheuchelten Tränen. Zapp! Die nächste Talkshow! Und alles ist vergessen!

Jonas Bühler, Flüelen und Würenlos

Urner Wochenblatt
Mittwoch, 10. Dezember 2003

Kasperli will nach Bern

Kasperli hat einen Entschluss gefasst. Er spaziert frohen Mutes von seinem Heimatdorf nach Zürich, in der Hand eine dicke Papierrolle, und freut sich über all die Frauen und Männer, die ihn links und rechts des Weges von den Plakaten herab anlächeln. Sein Herz wird ihm noch leichter als sonst. All diese freundlichen Menschen! Und gegen Zürich zu werden sie immer mehr! Dass einige Gesichter unter Regen und Sonne wie verschrumpfelte Äpfel aussehen, vermag seine gute Laune nicht im Geringsten zu dämpfen.

In Zürich betritt er die Politiker-Agentur von Michael Rettich, die ihm als die beste des Landes empfohlen worden war. Das Büro ist leer. Aber auch hier lächeln ihn Dutzende strahlender Augenpaare an. Und von der Decke wehen munter alle Kantonsfähnchen. Kasperli setzt sich auf den Besucherstuhl und wartet. Bald öffnet sich die Türe zum

143

WC, und der Politiker-Agent betritt den Raum, ein breites Grinsen auf dem Gesicht. Michael Rettich muss ein gewaltiges Erfolgserlebnis hinter sich haben, denkt sich Kasperli und erhebt sich zum Händeschütteln.

Grüss dich, Kasperli! Was suchst du denn hier?

Grüss dich, Michael! Ich möchte nach Bern!

In Zürich duzen sich alle. Was für liebe, nette Menschen, denkt sich Kasperli.

Du willst nach Bern? Das geht nicht!

Wieso soll denn das nicht gehen?

Sieh dich doch einmal genau an! Du trägst nicht das richtige Lächeln, und du trägst nicht die richtigen Schuhe!

Was ist denn mit meinem Lächeln und mit meinen Schuhen?

Dein Lächeln kommt aus dem Herzen, und das geht nun einmal nicht!

Woher soll es denn sonst kommen?

Der Politiker-Agent greift in eine Schublade und zieht ein seltsames Ding heraus, halb Blech, halb Schnur.

Hiervon kommt das Lächeln, das aus gewöhnlichen Menschen politische Wesen macht!

Wie soll das denn gehen?

Meine Kundinnen und Kunden schieben sich des Nachts dieses sichelförmige Blechstück in den Mund, das die Lippen über Monate hinweg in das bekannte Lächeln formt, und klemmen sich diese Schnüre hier links und rechts um die Ohren, damit das Blechstück schön im Munde haften bleibt.

Kasperlis Mut sinkt. Er rollt die Papierrolle auf. Fein säuberlich sind dort alle seine Fähigkeiten und Charaktereigenschaften aufgezeichnet, mit denen er sich den Zutritt nach Bern erhofft.

Und was ist mit all diesen Tugenden, die mich auszeichnen? Kann ich damit in Bern etwas erreichen?

Wo denkst Du hin, Kasperli! Das brauchst du alles nicht!

Was brauche ich denn anstelle dieser Liste?

Du musst nur eine einzige Frage richtig beantworten!

Gut! Stell mir diese Frage!

Scheint heute die Sonne oder regnet es?

Kasperli blickt zum Fenster hinaus: *Heute scheint die Sonne!*

Das ist die falsche Antwort!

Heute regnet es! Obgleich es gar nicht regnet!

Auch falsch!

Wie lautet denn die richtige Antwort?

Ja!

Auf die Frage „Scheint heute die Sonne oder regnet es?" muss ich mit „Ja!" antworten?

So ist es! Merke dir, Kasperli! Wenn du in die Politik willst, darfst du dich nie festlegen! So kannst du am nächsten Tag immer sagen, du habest das andere gemeint und seiest falsch zitiert worden!

Kasperlis Mut sinkt noch weiter. Er rollt die Papierrolle wieder zusammen.

Und was ist mit den Schuhen? Kann ich damit auch nicht nach Bern?

Aber Kasperli! Du trägst Zauberfinken und willst damit nach Bern? Nie und nimmer!

Was für Schuhe muss ich denn tragen?

Michael Rettich deutet auf reihenweise Schuhe auf dem Boden: *Solche dort!*

Aber das sind doch Filzpantoffeln!

Genau! Solches Schuhwerk ist für Bern unumgänglich!

Kasperlis Mut sinkt ins Bodenlose. Er erhebt sich geschlagen und wendet sich wortlos zur Tür. Dabei fällt sein Blick auf ein Paar Filzpantoffeln, das einsam in einer Ecke steht. Er wendet sich noch einmal an den Politiker-Agenten:

Und wem gehören diese ausgelatschten, unansehnlichen Filzpantoffeln dort in der Ecke?

Michael Rettich rutscht unruhig in seinem Sessel hin und her, greift sich mit den Händen an den Kopf, durchzaust das Haar, und wirft scheue Blicke auf ein einzelnes Kantonsfähnchen, das munter von der Decke weht.

Nun! Wem gehören diese ausgelatschten, unansehnlichen Filzpantoffeln? bohrt Kasperli nach.

Michael Rettich flüstert kaum hörbar: *Einem Politiker mit ungebrochenem Ehrgeiz und einem einzigen Ziel: Bundesrat! Aber bitte geh jetzt!*

Kasperli wirft einen letzten Blick auf den verzweifelten Politiker-Agenten, von da auf die einsamen Filzpantoffeln in der Ecke, und schlussendlich noch auf das geheimnisvolle Kantonsfähnchen. Er verlässt das Büro. Er verlässt Zürich. Und nächtelang plagen ihn Albträume von einem schwarzen Stier auf gelbem Feld.

Jonas Bühler, Flüelen und Würenlos

Veröffentlichung nicht ersichtlich
Verfasst vor dem 15. April 2004

Rolf Schweiger
und das Burnout-Syndrom

Schweigen und Leugnen

Der Präsident der FDP ist zurückge-
treten. Ein Mann, der nicht erst seit sei-
nem Rücktritt und der Bekanntgabe des
Grundes meinen Respekt verdient. Ein
gradliniger Mann, den ich gerne viele
Jahre am Steuer der FDP gesehen hätte.
Ein ehrlicher Mann, den ich gerne als
Bundesrat gesehen hätte.

Wie viele Männer und Frauen in Politik und Wirtschaft bewegen sich haar-
scharf auf der Klippe des Burnout-
Syndroms, greifen zu Medikamenten,
Drogen oder Alkohol, um die Anzeichen
zu verschleiern, weil das Eingeständnis,
unter der Doppel- und Dreifachbelastung
zu knicken, in unserer Gesellschaft als
Schwäche gilt? Obgleich die Nächte zur
Hölle, und die Tage – ob am Schreibtisch,
auf Geschäftsreise oder in einer Konfe-
renz – zur Vorhölle werden. Im Gegenteil,
ein Herzinfarkt vergrössert noch den

Marktwert eines Politikers oder Wirtschaftsführers, besonders wenn er sich wenige Tage nach dem Zusammenbruch wieder zurück an die Schalthebel der Macht begibt, umjohlt von den Medien! Und so wird weiter geschwiegen und gelogen, dass sich die Balken biegen. Wie viele Fehlentscheide gehen wohl auf das Konto dieser übermüdeten und erschöpften Elite?

Selbst uns Erwerbslosen wird in den verschiedensten Standortbestimmungskursen nahegelegt, Krankheiten zu verschweigen und notfalls zu kleineren oder grösseren Lügen Zuflucht zu nehmen, nur um in der Wirtschaftswelt wieder unterzukommen.

Arbeitsüberlastung und Mobbing hatten auch mich geknickt und in die Erwerbslosigkeit getrieben. Habe ich nach sechzehn Monaten deswegen noch keine neue Stelle gefunden, weil ich zur Wahrheit stehe? Statt sie zu verschweigen und zu verleugnen? Ist es überhaupt erstrebenswert, in ein System zurückzukehren, das die Menschen auf jeder Stufe krank macht? Wagen Sie ja nicht zu sagen, Sie seien nicht enormem Stress ausgesetzt! Sie gelten als unfähig und faul! Sie müssen jung und dynamisch wirken (nicht sein!), flexibel und kommunikativ, überdurchschnittlich belastbar, innovativ und kreativ. Sie müssen mehrere Sprachen fliessend beherrschen, sich in den verschiedensten Computerprogrammen auskennen, in jungen Jahren bereits über ausgereifte Macher- und Führungseigenschaften verfügen, unter allen Umständen ein Teamplayer sein und auch vor sinnlosen Reisen ins Ausland nicht zurückschrecken. Sie sind bereichsübergreifend und kompatibel einsetzbar und besitzen Zertifikate und Diplome, die Sie selbst nicht mehr kennen und verstehen. Ihre Fach, Methoden-, Individual- und Sozialkompetenzen können nicht hoch genug angeschraubt sein. Bis zur Vertragsunterzeichnung müssen auch Sie daran glauben. Nach Vertragsunterzeichnung kräht kein Hahn mehr danach. Dann wird ohnehin alles unter dem Druck der globalen Unvernunft relativiert und ausni-

velliert. Und so haben wir eine Wirtschaftswelt, die zusammen mit ihren
Lobbyisten und Politikern der ganzen
Menschheit das Rückgrat bricht. Und alle
nicken: Es ist nun einmal so! Es geht
nicht anders! Und die Angst, der Betrug
und Selbstbetrug fressen alle weiter auf.

Jonas Bühler, Flüelen und Würenlos

Urner Wochenblatt
Samstag, 13. November 2004

Ausgesteuert!

Nahtlos ans Ende der Bezugsberechtigung von Arbeitslosentaggeldern und vor dem freien Fall aus der Arbeitslosigkeit ins Auffangbecken des Sozialamtes hat mir ein Freund eine Reise nach Malaysia, in die Philippinen und nach Singapore ermöglicht, um nach 231 schriftlichen Bewerbungen, ebenso vielen Absagen und unzähligen übrigen Bemühungen um eine neue Stelle, Abstand zu gewinnen, Neues zu sehen, und mich auf den nächsten Lebensabschnitt vorzubereiten.

Zufall, dass alle Vorhängeschlösser an seinem Hause die Zahl 231 tragen? Abgeschlossen? Kapitel beendet?

So habe ich die Armut und die erstickende Umklammerung der Katholischen Kirche und des politischen Systems in den Philippinen gesehen, die künstlich hochgezüchtete Welt West-Malaysias mit ihren Verwaltungs- und Gesellschafts-

Ghettos, und die reibungslose Maschinerie des Stadtstaates Singapore, gegen deren Disziplin, Sauberkeit und Effizienz die Schweiz reinste Provinz ist!

Singapore hat die Unabhängigkeit gewählt und Erfolg geerntet, dank überschaubaren Grenzen, kontrollierter Einwanderung, drakonischen Strafen für Fehlverhalten in Gesellschaft und Politik, während unsere Elite in Politik und Wirtschaft auf Abschaffung der Grenzen, schwammigen grenznahen Kontrollen und Gewährenlassen aller individuellen Frei- und Narrheiten setzt. Nur Leichtgläubige, Angsthasen und kalt berechnende Egoisten und Anpasser können ein solches System unterstützen und billigen, das von vorneherein zum Scheitern verurteilt ist.

Ich würde den Tag begrüssen, an dem alle Ausgesteuerten und sozial Benachteiligten dieses Landes eine Sammelklage gegen diese Grossmachtsüchtigen vorbringen könnten, denn die meisten ihrer Sorgen gehen auf das Konto dieser abgehobenen Kaste von Mitbürgerinnen und

Mitbürgern, die den Bezug zur Wirklichkeit und zu den Nöten des Volkes längst verloren haben – oder schlichtweg ignorieren. Hauptsache, sie selbst gehören zu den Gewinnern, oder sie tummeln sich beutegierig im Dunstkreis dieser Schmelztiegelbefürworter!

Und wenn die Wirtschaft schon unter dem Druck der Abzocker und Globalisierer völlig verrückt spielt, wäre es Aufgabe des Staates, allen sozial Benachteiligten und durch die Maschen der Wirtschaft gefallenen Bürgerinnen und Bürgern sozial denkende und handelnde Menschen entgegenzusetzen, und nicht ein soziales System, das sich auf Paragraphen, Richtlinien und Weisungen beruft.

Mit den Millionen und Milliarden der Abzocker und anderer unethisch erzielten Gewinne liessen sich genügend Arbeitsplätze schaffen, die nicht zwingenderweise einen ökonomischen Ertrag abwerfen müssten. Aber alle hätten wieder einen Platz in der Gesellschaft und würden

nicht als deren menschlicher Ausstoss
und Müll betrachtet.

Jonas Bühler, Flüelen und Würenlos

Veröffentlichung nicht ersichtlich
Verfasst am 22. Mai 2005

Asterix und Obelix

Kürzlich betrat ich eine Buchhandlung und durchstöberte aus Langeweile die Regale, denen ich bislang keine Beachtung geschenkt hatte: Comics. Nichtsahnend griff ich nach Asterix und Obelix, und nach wenigen Bildchen und Sprechblasen war ich nahe einer Ohnmacht! Meine Haare sträubten sich! Schweiss trat aus allen Poren und rann in Bächen zu den Hosenstössen raus!

Diese armen römischen Soldaten, Offiziere und Feldherren! Mitsamt ihrem Oberbefehlshaber Julius Caesar! Wie die von den Galliern zugerichtet werden! Eine stolze Nation in den Dreck gezogen! Gedemütigt! Der Lächerlichkeit preisgegeben!

Wie konnte ein Land wie die Schweiz zulassen, dass auf ihrem Territorium solch fremdenfeindliche Literatur verkauft wird! Ein Land, das aus freien Stücken jeglichen rassistischen Gedanken von den Stammtischen und öffentlichen Plätzen, aus den Schulstuben, Zeitungen, Zeitschriften und Büchern, aus Radio und Fernsehen, ja sogar aus jedem schweizerischen Munde und jeder noch so kleinen schweizerischen Hirnwindung gelöscht hatte!

Eine Schande! Ich selbst habe schon Mühe damit, Teil eines Stammbaums zu sein, der bis zu einem Heinrich, erwähnt 1480, kein Anzeichen einer multikulturellen Beziehung aufweist. Dies allein ist bereits rassismusverdächtig.

Doch zurück zu Asterix und Obelix! Ich rufe alle entrüsteten Bürgerinnen und Bürger der Schweiz auf, Druck auf Bern auszuüben, damit sich der Gesamt-Bundesrat in offizieller Mission beim italienischen Staatspräsidenten in Stellvertretung und Nachfolge des gebeutelten Julius Caesar für diese literarische Fehlleistung entschuldigt und Wiedergutmachung in Milliardenhöhe anbietet! Sämtliche Erzeugnisse asterixscher und obelixscher Ausrichtung sind aus schweizerischen Regalen zu entfernen! Schon die Sehnsucht nach diesen Comics sind mit allen juristischen Winkelzügen zu unterbinden!

Und dann diese armen Wildschweine! Wie die barbarisch gejagt und bei jedem Anlass haufenweise vertilgt werden! Ein Gräuel und ein Verbrechen für alle Tierliebhaber! Durch alle Tierschutz-Vereinigungen sollte ein kollektiver Aufschrei erfolgen.

Doch nicht genug damit! Es folgt der Gipfel aller Brutalität: Troubadix, seines Zeichens Sänger, Musiker, Künstler und Alleinunterhalter: wie dieser arme Mensch am Ende jedes Buches gefesselt und geknebelt das Fressgelage über sich ergehen lassen muss! Wo bleiben da die Menschenrechte? Was sollen unsere Kinder denken, wenn sie solche Unmenschlichkeiten zum Geburtstag oder an Weihnachten geschenkt bekommen? Ja, in der Schweiz ist mit vielem aufzuräumen!

Fangen wir unverzüglich damit an! Kaufen wir die Regale leer!

Jonas Bühler, Flüelen

Urner Wochenblatt
Samstag, 5. November 2005

Die vergessenen Kinder

Ein Spaziergang führte mich kürzlich über den Friedhof der katholischen Kirchgemeinde von Spreitenbach. Ich beobachtete das Spiel der Elstern, freute mich über den goldenen Hahn auf der Kirchturmspitze des katholischen Gotteshauses, und betrachtete die beiden Türme des Shopping-Centers, wohin auch mein Lebensschiffchen mich nach langer Arbeitslosigkeit und ehelichen Auseinandersetzungen verschlagen hatte. Die Masten geknickt. Die Segel in Fetzen. Das Ruder geborsten.

Ich wage nicht daran zu denken, wie viel Elend sich in diesen beiden Wohntürmen angesammelt hat. Magnet für Menschen der verschiedensten geografischen und religiösen Herkunft. Die beiden Wohntürme mit ihren je 25 Stockwerken und je 200 Wohnungen gleichen in die Höhe gewachsenen Dörfern, und die Anonymität könnte nicht grösser sein.

Vor nicht allzu langer Zeit starb in der Wohnung neben mir ein Mann, während ich Musik hörte, ein Buch las, oder schlief. Letzte Woche sprang ein junger Mann aus einem der Türme in den Tod.

An all dies musste ich denken, als ich über den Gottesacker ging und die Gräber und Inschriften betrachtete. Mein Weg führte mich zu einem Teil des Friedhofs, unter dessen weissen Holzkreuzen und Balken Kinder ruhten. Ich bin sehr lange dort stehengeblieben, und habe hinter den meist fremdklingenden Namen und kurzen Lebensdaten die Schicksale dieser Kinder gesucht. Ich musste meine Traurigkeit niederkämpfen, als ich Gräber sah, auf denen keine einzige Blume lag. Nur braune Ackerscholle. Ich hob ein weggerolltes verwaschenes Tierchen aus Ton vom Boden hoch und legte es zu seinesgleichen auf ein ebenfalls verwahrlostes Grab.

„*Die vergessenen Kinder*". Die Eltern zu arm, um nach dem Grab zu schauen. Oder bereits weitergezogen. Auf der Suche nach einer neuen Hoffnung. Einem neuen Lichtblick. Wanderameisen in einer globalisierten Welt, die immer mehr Strandgut hinterlässt. Auch in der Form dieser „*vergessenen Kinder*".

Mein Weg wird mich gerade wegen dieser Kinder immer und immer wieder über den Friedhof führen, und vielleicht nehme ich dann Blumen mit, oder ein Windrädchen. Eine Kanne und Wasser werden bestimmt zu finden sein. Auch wenn meine Absicht eine fehlgeleitete Globalisierung nicht aufzuhalten vermag, so kann ich doch auf diese Weise meinen Protest am Lodern erhalten. Was ist das für eine Globalisierung, deren Beweggrund nicht Menschlichkeit entspringt, sondern finanziellen Interessen, Gier und Macht? Bauen wir wieder an einer Welt, die keine „*vergessenen Kinder*" zulässt!

Jonas Bühler, Flüelen & Spreitenbach

Keine Veröffentlichung ersichtlich
Verfasst am 26. März 2006

Meine Sehnsucht
nach dem Schnee der Berge

Von meinem Schreibtisch aus sehe ich Beyrouth im Lichterglanz der Nacht. Bald werde ich schlafen gehen. Dankbar, dass mich die Dunkelheit umhüllt. Eine Dunkelheit, in die sich vielleicht im Traum meine Sehnsucht nach dem Schnee der Berge stiehlt. Ein Traum in Weiss. Kein Rot. Kein Blut. Schneeflocken, die sanft vom Himmel schaukeln. Und alles in eine weisse Decke hüllen. Denn ich weiss, dass mich morgen wieder aus allen Fernsehschirmen die Bilder des Grauens anspringen. Bilder in Rot. Gaza. Das Blut. Die Toten. Die Verwundeten. Immer und immer wieder. Von morgens bis abends.

Die Menschheit hat Kriege geführt, dass alle Seen und Ozeane in Rot getränkt sein müssten. Die Menschheit führt weiter Kriege, bis alle Bäche und Flüsse rot sein werden, bis roter Regen fällt und rote Schneeflocken vom Himmel fallen. Und auch dann wird die Menschheit weiter Kriege führen.

Ich staune über die Unwissenheit und das Wissen meiner Mitmenschen. Sie wissen nicht, wo Gaza, Libanon oder Beyrouth sind. Doch sie wissen, dass dort alles Terroristen und Mörder sind.

Ich habe mich aufgemacht, unter diesen Terroristen und Mördern zu leben, weil mein Blut auch ihr Blut ist. Weil sie wie ich Freiheit und Selbstbestimmung suchen. Weil sie wie ich Zwang und Bevormundung ablehnen. Weil sie dasselbe Recht auf Leben haben wie wir alle. Doch unwissende Weise an den Schalthebeln der Macht sprechen ihnen das Recht auf Leben ab und erfinden immer neue Gaza's, um ihren Hunger nach Gerechtigkeit und Frieden zu stillen. Eine Gerechtigkeit des Schwertes und ein Friede in den Tresoren ihrer Gier.

Dank diesen unwissenden Weisen werden mich morgen wieder aus allen Fernsehschirmen die Bilder des Grauens anspringen. Bilder in Rot. Gaza. Mit noch mehr Blut. Mit noch mehr Toten. Mit noch mehr Verwundeten.

Nun lege ich mich schlafen und hoffe, dass sich meine Sehnsucht nach dem Schnee der Berge leise in meine Träume stiehlt.

Jonas Bühler, Beyrouth

Veröffentlichung nicht ersichtlich
Verfasst am 19. Januar 2009

<u>Gaza</u>
<u>The Blood</u>
<u>The Dead</u>
<u>The Injured</u>

My Yearning for the Snow in the Mountains

From my desk I see Beyrouth in its nightly splendor of light. Soon I will go to sleep. Thankful that darkness is my cover. A darkness which, maybe in my dream, will let sneak-in my yearning for the snow in the mountains. A dream in white. No red. No blood. Snowflakes that gently fall from the sky. And cover everything under a white blanket. As I know that tomorrow the images of horror will face me again from all television screens. Images in red. Gaza. The blood. The dead. The injured. Again and again. From dawn 'til dusk.

Mankind fought wars, that all lakes and oceans must be drenched in red. Mankind continues to fight wars, until all

177

creeks and rivers will be red, until red rain falls and red snowflakes fall from the sky. And even then, mankind will continue to fight wars.

I am amazed by the ignorance and the knowledge of my fellow men. They don't know where Gaza, Lebanon or Beyrouth is located. However, they know that there all are terrorists and murderers.

I made the journey to live among these terrorists and murderers, because my blood is their blood too. Because like me, they seek freedom and self-determination. Because like me, they reject coercion and tutelage. Because like us all, they have the same right to life. Yet, ignorant wise men at the controls of power deny them the right to life and think up always new Gaza's to satisfy their hunger for justice and peace. A justice by the sword and a peace in their vaults of greed.

Thanks to these ignorant wise men tomorrow the images of horror will face me again from all television screens. Images in red. Gaza. With even more blood. With even more dead. With even more injured.

Now I will go to sleep and hope that my yearning for the snow in the mountains will sneak quietly into my dreams.

Jonas Bühler, Beyrouth

Übersetzt von Thomas Vitins
11. März 2009

Islamisierung
des Christentums

Alle grossen Reiche kamen und gingen. Der Nahe Osten sah deren viele kommen und gehen. Wenn eine Idee einzig im Kopf der Mächtigen entsteht, und nicht die Herzen der Völker erreicht, wird die Umsetzung dieser Idee früher oder später scheitern. Dies ist wie ein Naturgesetz. Die Mächtigen lernen nie aus ihren Fehlern. Schon gar nicht aus den Fehlern der Geschichte. Dies ist ebenfalls wie ein Naturgesetz.

Europa drängt wieder an seine Grenzen vor. Diktiert von einem überdimensionierten Wasserkopf in Brüssel, unter dessen Gewicht der ganze Kontinent in den Atlantik zu kippen droht. Die Einverleibung weiterer Staaten aus dem Einflussbereich der zusammengebrochenen Sowjetunion ist noch nicht abgeschlossen, und wird auf weniger Widerstand stossen als die Einverleibung von Staaten auf dem Balkan, von der Einverleibung der Türkei ganz zu schweigen. Denn in diesen Staaten trifft das christliche Europa auf islamische Völkerschaften.

Der Einwand, die Schaffung eines Vereinten Europas sei getragen von Völkern, die derselben Wertestruktur verpflichtet sind, ist bloss ein Vorwand und hält keiner genaueren Betrachtung stand. Die Existenz der muslimisch geprägten Staaten auf dem Boden Europas ist eine Tatsache, welche weder der aufgeblähte Wasserkopf in Brüssel noch die Mehrheit der sogenannt christlichen Völker Europas zu schlucken vermögen. Die gegenseitige Abneigung und teilweise auch der Hass zwischen Christen und Muslimen ist ein Erbe aus den Zeiten der Machtbesessenheit der Römisch-Katholischen Kirche und ihren verheerenden Kreuzzügen. Dieser Stachel sitzt tief im Fleisch von Christen wie Muslimen, und sticht gerade jetzt die Hintern der Beamten in Brüssel. Dass unter diesen sogenannten Christen bereits ein grosser Anteil Muslime lebt, die selbstbewusst die fehlenden Minarette für ihre Moscheen fordern, ist ein weiterer Stolperstein auf dem Weg zu einem Vereinten Europa, an dem sich Brüssel den Kopf zerbricht.

Der Nahe Osten ist nicht nur das Scharnier, das drei Kontinente verbindet, sondern auch die Geburtsstätte dreier weltumspannender Religionen. Dieser kleine Landstrich wird über die Zukunft der gesamten Welt entscheiden, weil dort die Quelle liegt, aus der seit den Zeiten Abrahams das Wasser des spirituellen Lebens dieser drei Religionen gespiesen wird. Und weil alles wieder an seinen Ursprung zurückkehrt, so versuchen auch alle Mächtigen dieser Welt, zurück zu dieser Quelle zu finden und sie zu ihrer eigenen Quelle zu machen. Nicht weil sie an die spirituelle Dimension dieser Quelle glauben, sondern weil sie die spirituelle Grundhaltung ihrer Völker, seien es Christen, Juden oder Muslime, zur eigenen Machtentfaltung missbrauchen und gegeneinander ausspielen.

Triebfeder der Einheit Europas ist nicht spiritueller Natur, weil Europa es längst aufgegeben hat, spirituell zu denken und zu handeln. Die Spiritualität wurde schon vor langer Zeit an die Kirchen und ihre Priester verschachert, um die spirituell entleerten Menschen im blinden Fortschrittsglauben für die Herstellung all der Blendwerke dieses vermeintlichen Fortschritts einsetzen zu können. Und wo die Spiritualität fehlt, ist das Abgleiten in Perversion und Dekadenz vorgezeichnet. Ein Blick in die täglichen Medien spricht für sich selbst. So war es auch nur eine Frage der Zeit, bis die Schweiz mit ihrer Scheinheiligkeit vor aller Welt als jahrelanger Hehler dieser Welt an den Pranger gestellt wurde. Geld und Gold wurden die Religion der Schweiz und des Westens schlechthin. Die Verbannung der spirituellen Seite aus den Heimen und Büros in die Kirchen zeugte in Zusammenarbeit mit den Kirchen und ihren Priestern lediglich ein Heer von Heuchlern, die nur mehr bei Taufen, Hochzeiten und Beerdigungen gegenseitig vorgeben, dieser

Spiritualität nachzuleben. Auch diese Spiritualität wurde schon längst auf dem Altar von Geld und Gold geopfert. So wurde auch im täglichen Umgang der Menschen untereinander, ob in privater, geschäftlicher oder gesellschaftlicher Art, die Prinzipienlosigkeit zum alles verbindenden Prinzip.

Dieses spirituell entleerte Europa masst sich nun an, auf den vorgegaukelten gemeinsamen Werten von Christentum und Humanität an seine geografischen Grenzen vorzustossen, und sich Völker einzuverleiben, die als Anhänger des Islam keine Trennung von Staat und Kirche kennen, und deren Spiritualität sich nicht aus den alltäglichen Gedanken und Handlungen dieser Menschen verbannen lassen. Wenn die Baumeister Europas nicht erkennen, dass die aus Gesellschaft, Handel und Politik verbannte Spiritualität der einzig brauchbare Mörtel ist, der dieses gedankliche Fehlkonstrukt Europa zusammenhalten könnte, ist jeder Versuch sinnlos. Es wird in sich zusammenbrechen. Da Spiritualität allen Menschen von Natur aus angeboren ist, wird der Islam das Christentum auf lange Sicht in Europa verdrängen, wie auch ein Baum ohne Wurzeln vom ersten Windstoss umgefegt wird. Die Lebensbejahung des Islam wird an die Stelle der Jenseitsbezogenheit des Christentums treten. Die Erbsünde wird ausgedient haben. Die Dreifaltigkeit Gottes wird als Lüge der Geschichte entlarvt. Die jedem Menschen angeborene Sinnlichkeit wird nicht mehr wie ein Schandmal zwischen Mann und Frau stehen. Wenn Christentum und Islam sich von allem Ballast befreien, den ihre Priester und Schriftgelehrten zur eigenen Machtentfaltung über Jahrhunderte ihren jeweiligen Weltanschauungen aufgepfropft haben, sind ein hass- und gewaltfreies Zusammenleben von Christen und Muslimen sowie ein gegenseitiger kultureller und spiritueller Austausch möglich. Von allem Ballast befreit, werden die Anhänger beider Religionen erkennen, dass sie in der Tat Brüder und Schwestern desselben Vaters sind. Ein Stammbaum, der über Mohammed und Jesus zurück auf Abraham geht, der den Ismael der Muslime und den Isaak der Juden und Christen zeugte. Und wenn der Schulterschluss zwischen Christen und Muslimen gelingen sollte, würden auch die Juden ihre Weltanschauung hinterfragen müssen, denn Gott kennt kein auserwähltes Volk, sondern ist alleiniger und unteilbarer Gott aller Menschen.

Jonas Bühler, Beyrouth

Veröffentlichung nicht ersichtlich
Verfasst am 4. August 2009

<u>Deutschland will keine Steuer-CDs</u>
<u>mehr kaufen (Aargauer Zeitung,</u>
<u>Mittwoch 10. August 2011)</u>

Eine nationale Schande

Was als Durchbruch im Steuerstreit mit Deutschland und als Erfolg der Schweizerischen Diplomatie hochgejubelt wird, ist für mich nichts anderes als eine nationale Schande, auch wenn ich mit dieser Ansicht wahrscheinlich zu einer belächelten Minderheit gehöre.

Das Abkommen zwischen der Schweiz und Deutschland über die Besteuerung von Schwarzgeld ist paraphiert. Das Gewissen wird mit einer Abgeltungssteuer von 26 Prozent und einer Garantie von 2 Milliarden Franken beschwichtigt. Die Genehmigung des Vertrags durch den Deutschen Bundestag und das Schweizer Parlament ist lediglich eine Formsache.

So wird wieder einmal auf höchster Stufe staatliche Hehlerei sanktioniert und gesetzlich verankert. Ein Hohn! Wie sollen Eltern ihren Kindern oder Lehrer ihren Schülern Recht und Unrecht erklären und sie zu einem ethischen Verhalten anleiten, wenn unsere Politik und unser Parlament Unrecht zu Recht erhebt?

Das Verstecken von Schwarzgeld vor dem Fiskus kann nie und nimmer geduldet werden, auch wenn darauf eine anonyme Abgeltungssteuer erhoben und abgeliefert wird. Dies kann und darf auch nicht mit dem Schutz der Privatsphäre gerechtfertigt werden. Wer Schwarzgeld besitzt, hat im Gegenteil jedes Anrecht auf Privatsphäre verloren. Er bewegt sich ausserhalb jedes ethischen Verhaltens. Seine Visage gehört auf eine Litfasssäule geklebt. Für alle Zeiten.

Leider wissen die wenigsten, was ethisches Verhalten überhaupt bedeutet. Lug und Trug, Hinterziehung von Einkommen und Vermögen, Falschaussagen und Halbwahrheiten gehören nach wie vor zum gelebten Alltag. Wenn auf diesem Gebiet nicht endlich ein Umdenken erfolgt, dann wird nicht nur London brennen, sondern die ganze Welt.

Jonas Bühler, Würenlos

Aargauer Zeitung,
Dienstag, 16. August 2011

Solidarität mit Griechenland

Fasziniert schaue ich auf die Zahl der aktuellen Gesamtverschuldung der öffentlichen Haushalte der Schweiz in der Höhe von etwas über 200 Milliarden Franken, was 40 Prozent des Bruttoinlandprodukts von etwas über 500 Milliarden Franken und einer Verschuldung pro Kopf der Bevölkerung von 27'000 Franken entsprechen soll. Zu meiner Beruhigung tickt die Schuldenuhr Schweiz rückläufig! Jede Sekunde 100 Franken weniger! Jeden Tag etwas über 8 Millionen Franken weniger!

Dass die Gesamtverschuldung stets in Prozenten des Bruttoinlandprodukts gesetzt wird, hat mich seit jeher befremdet. Warum nicht auch in Prozenten des Volksvermögens? Und warum schuldet ein bettelarmer Säugling dem Staat ebenso viel wie ein milliardenschwerer Greis?

Vergeblich suche ich nach Zahlenmaterial zum Volksvermögen. Infolge Bewertungsschwierigkeiten werde das Volksvermögen in der Schweiz nicht ermittelt. Punkt!

Statt Steuerabkommen mit interessierten Staaten zur Aufrechterhaltung der schweizerischen Hehlerei in Sachen Schwarzgeld voranzutreiben, sollte das gesamte Steuersystem mit all seinen Schlupflöchern überarbeitet werden. Es ist an der Zeit, Schwarzgeld weltweit zu ächten, und eine Steuer einzuführen, mit der die Gesamtverschuldung in Prozenten zum Volksvermögen berechnet und eingezogen werden kann. Was macht es schon aus, wenn wir bei einem vorsichtig geschätzten Volksvermögen von 2 Billionen Franken jährlich 1 Prozent oder 20 Milliarden Franken zur Schuldentilgung aufwenden? In zehn Jahren hätten wir unsere Schulden auf null! Falls sich jemand der Besteuerung durch Flucht ins Ausland und Wechsel seines Passes entziehen will, soll er zuvor seinen Anteil an der Gesamtverschuldung begleichen!

Griechenland würde wesentlich besser dastehen, wenn die Schulden gleichmässig auf das Volksvermögen verteilt und eingezogen würden. Stattdessen verlassen die Reichen wie die sprichwörtlichen Ratten das griechische Schiff. Die Zeche bezahlen wieder einmal jene, die ohnehin nichts haben, im Land gefangen sind, und von denselben Politikern über den Tisch gezogen werden, die für diese griechische Tragödie verantwortlich sind.

Dass die Europäische Währungsunion ohne gleichzeitige Wirtschaftsunion nicht funktionieren kann, war allen bekannt. Statt zuerst neue Gleise zu verlegen, auf denen dieser Zug fahren kann, wurde Waggon um Waggon angehängt. Und nun, da die Räder des Zugs über die unausweichlichen Verwerfungen rollen, wird nicht abgebremst, sondern noch mehr Kohle in den weissglühenden Ofen geschaufelt, was den Zug lediglich schneller werden lässt, wobei der Waggon mit den Griechen fast aus den alten Gleisen geworfen wird.

Im Herzen von Europa angesiedelt, darf die Schweiz nicht den Fehler machen, sich in Schadenfreude zurückzulehnen. Infolge unserer Rolle als neutraler und unabhängiger Staat ausserhalb der Europäischen Union haben wir vielmehr die Pflicht, diesen europäischen Einigungsprozess mit all unseren Stärken zu begleiten, ohne dabei jedoch unseren Waggon an diesen Zug anzukoppeln.

Unser Sonderfall gibt uns eine Art Leuchtturmfunktion. Wir müssen uns nun um jene kümmern, die in diesem Einigungsprozess zermalmt werden. Dass Griechen ihre Medikamente nicht mehr erhalten, weil die Spitäler die Rechnungen nicht zahlen können, und Kinder keine Schulbücher haben, weil das Geld fehlt, stimmt mich nicht nur traurig, sondern richtiggehend wütend! Wir haben Mittel und Wege, den Griechen unsere Solidarität zu zeigen. Lassen wir ihnen gegenüber auch unser Herz sprechen! Eine Aktion über die *Glückskette* mit dem

Vermerk *Griechenland* wäre ein erster solcher Schritt.

Jonas Bühler, Würenlos

Veröffentlichung nicht ersichtlich
Verfasst am 6. November 2011

Wieso lassen wir das zu?

Wieso soll die Schweiz einer „Insel der Glückseligen" gleichen, weil die Krise an den 300 reichsten Familien in der Schweiz „fast spurlos vorbeigegangen" ist? Sollte dies nicht eher ein Anlass zur Beschämung sein? Sind diese Vermögen nicht aus dem Schweiss und den Tränen Abertausender von „Unglückseligen" entstanden?

Wie können wir es zulassen, dass sich bei 300 Familien Vermögen in der Höhe von 481 Milliarden Franken befinden und diese Vermögen in einem einzigen Jahr um 11 Milliarden Franken zulegten, während wir alle die Auswirkungen der Krise am eigenen Leib ganz anders erfahren? Ist die Krise nicht eher darauf zurückzuführen, dass diese Familien das Geld unentwegt aus unseren Taschen ziehen? Oder uns ganz einfach vorenthalten? Besonders in Zeiten von Krisen? Im Stil eines modernen Raubrittertums mit Hilfe von Anwälten, Treuhändern, Banken und Politikern?

Wie können wir es zulassen, dass die Gemeinwesen in der Schweiz Schulden in der Höhe von 200 Milliarden Franken ausweisen, während allein schon diese 300 reichsten Familien die Staatsschulden tilgen und dennoch sorgenfrei leben könnten? Wieso ändern wir nicht die Gesetze, damit Schulden laufend über die Vermögen gedeckt würden? Über alle Vermögen und nicht nur über die Vermögen dieser 300 reichsten Familien?

Wieso lassen wir es zu, dass sich auf unserem Territorium, auf dem sich unsere Vorfahren unter Einsatz ihres Lebens der Feudalherrschaft entledigten, erneut unabhängige Königreiche bilden, die nur eine Solidarität kennen: die Solidarität mit ihresgleichen? Ist der Grund vielleicht darin zu suchen, dass auch wir eine dieser Villen, Yachten oder Pelzmäntel wollen? Um unseren Namen im „Bilanz"-Ranking abgedruckt zu finden? Dann wäre es höchste Zeit, wieder einmal die Spiegel zu reinigen, um die Sicht auf unser Gewissen freizugeben!

Jonas Bühler, Würenlos

Aargauer Zeitung
Donnerstag, 8. Dezember 2011

Ursache und Wirkung

Der Grossteil der Medien und die Hälfte der Bevölkerung scheinen an kollektivem Verfolgungswahn zu leiden und überbieten sich mit Verschwörungstheorien zu Philipp Hildebrand und seinem Fall. Bald ist es soweit, dass hinter allem, was uns unangenehm ist, die Machenschaften der Schweizerischen Volkspartei vermutet werden. Falls in Asien ein Wirbelsturm die Hütten der Armen niedermäht, ist dies mit Sicherheit auf einen kräftigen Windstoss (mit vier Buchstaben) aus Herrliberg zurückzuführen!

Haben wir denn noch alle Tassen im Schrank? Wo ist unser gesunder Menschenverstand geblieben? Haben wir nie etwas von Ursache und Wirkung gehört? Wenn wir uns alle ethisch korrekt verhalten, braucht es kein Reglement und kein Bankgeheimnis. Und somit auch kei-

ne Schuldzuweisungen an die Schweizerische Volkspartei und ihren unbequems-
ten Volksvertreter!

Jonas Bühler, Würenlos

Veröffentlichung nicht ersichtlich
Verfasst am 14. Januar 2012

Gedanken zu einem neuen Steuersystem

Ganze Länder und Regionen buhlen um zahlungskräftige Kunden und überbieten sich gegenseitig mit Steuergeschenken zur Ansiedlung ausländischer oder in einer anderen Region ansässigen Unternehmen – eine Abwärtsspirale, die schon seit langer Zeit zu beobachten ist und scheinbar nicht gestoppt werden kann.

Es ist an der Zeit, das Steuersystem angesichts der Verschleuderung der damit einhergehenden ökonomischen und ökologischen Ressourcen zu überdenken und auf eine Grundlage zu stellen, die den Herausforderungen unserer globalen und schnelllebigen Zeit gerecht wird.

Warum ist es nicht möglich, Unternehmen von Gewinn- und Kapitalsteuern zu befreien und diese Steuern eine Ebene höher bei den Aktionären anzusiedeln? Ziehen diese Aktionäre auf der Suche nach steuergünstigeren Wohnsitzen im In- und Ausland umher, dann wären die Unternehmen von diesen Sitzverlegungen nicht oder in geringerem Masse betroffen und würden möglicherweise an ihren bisherigen Standorten weiterbestehen – ohne die negativen Auswirkungen für Personal und Umwelt wie bei der Sitzverlegung ganzer Unternehmen nach heutigem Muster.

Um den Herausforderungen unserer globalen und schnelllebigen Zeit noch gerechter zu werden, sollte nicht der Wohnsitz des Steuerpflichtigen die Grundlage der Besteuerung bilden, sondern in erster Linie die Farbe seines Passes.

Setzt sich ein Besitzer eines unserer roten Pässe in ein steuergünstigeres Land oder ein Steuerparadies ab, sollte er weiterhin eine Steuererklärung an unsere Behörden einreichen und die Steuerdifferenz an unser Gemeinwesen abliefern, was einen Wegzug aus steuerlichen Überlegungen hinfällig machen würde.

Erwirbt der Inhaber eines unserer roten Pässe einen Pass anderer Farbe, um auch diesem Steuerregime zu entrinnen, dann sollte er zuvor seinen Anteil an den Nettoschulden unseres Gemeinwesens bezahlen – und wir lassen ihn unbehelligt und in Freundschaft seines Weges ziehen.

Jonas Bühler, Würenlos

Veröffentlichung nicht ersichtlich
Verfasst am 4. September 2012

Herz oder Rechenschieber

Als ich die Skizze zur möglichen Ansicht eines Alterszentrums auf der Zentrumswiese in Würenlos zu Gesicht bekam, traute ich meinen Augen nicht! Mir kam der Verdacht auf, dass das beauftragte Architekturbüro den Auftrag erhalten hatte, eine möglichst abstossende Skizze zu entwerfen, um dem Standort Wiemel mehr Beachtung zu schenken. Jedes Kind hätte eine gefälligere Skizze zu Stande gebracht!

Es kann doch nicht sein, dass heutzutage Wirtschaftlichkeit nur mehr in widerlichen Bauklötzen aus Glas, Beton und Stahl möglich sein sollte! Auch kann ich mich nicht mit dem Gedanken anfreunden, unsere betagten Mitbürger an den Rand des Dorfes zu verpflanzen. Ich wünsche mir anlässlich der Abstimmung vom kommenden 11. Juni 2013 mehr Herz und weniger Rechenschieber!

Ich würde ein Projekt begrüssen, das eine Überbauung der ganzen Zentrumswiese mit Einbezug der Zentrumsscheune vorsieht. Mit Parkplätzen im Untergeschoss. Und integriertem Kindergarten. Ein Begegnungsort der ganzen Bevölkerung, der diesen Namen auch verdient! Bauten, die nach aussen mit wirklichen oder angedeuteten Satteldächern und gefälligen Fassaden und Fenstern ins Dorfbild passen und innen dennoch praktische und wirtschaftlich vertretbare Arbeitsabläufe ermöglichen. Bauten, die wie ein eigenes Dorf um einen gemeinsamen Innenhof mit Brunnen, Café und Kiosk gruppiert sind.

Ich höre bereits jetzt einen allgemeinen Aufschrei! Das ist nicht möglich! Das ist viel zu teuer! Wie oft habe ich in meinem Leben und in meinem Beruf mit diesen Argumenten kämpfen müssen, die rein auf dem Prinzip des Rechenschiebers basierten! Als Treuhand-Sachbearbeiter habe ich Projekte durchgezogen, die unter der Sicht des Rechenschiebers keine Aussicht auf Erfolg hatten. Unter Einsatz des Herzens liess sich das Unmögliche möglich machen!

Alle grossen Projekte entstehen zuerst im Herzen. Kann eine Idee dort Wurzeln schlagen, ist die Umsetzung der Idee in die Wirklichkeit meist auch entgegen allen Einwänden und Bedenken möglich. Bitte gebt unseren betagten Mitbürgern ihren gebührenden Platz in unserer Mitte!

Jonas Bühler, Würenlos

Aargauer Zeitung
Mittwoch, 29. Mai 2013

Abweichler
braucht das Land!

Der Besuch des Parteitags in Aarau war nicht mein Tag. Dass die Volksinitiative *1:12 – Für gerechte Löhne* und die kantonale Vorlage *Bezahlbare Pflege für alle* abgelehnt wurden, hat mich nicht überrascht. Die Gier einiger weniger in den Chefetagen muss mit anderen Leitplanken eingedämmt werden. Dass die Nein-Parolen jedoch ohne eine einzige Gegenstimme gefasst wurden, hat mir dann doch zu denken gegeben. Dies ist eine Entwicklung, die mir nicht behagt. Wo sind die kritischen Stimmen? Die Abweichler von der Parteilinie? Getraut sich niemand mehr, offen zur eigenen Meinung zu stehen?

Es kann doch nicht sein, dass fast 120 Menschen, auch wenn sie bereits nach Parteizugehörigkeit gefiltert sind, dieselbe Ansicht vertreten! Ich möchte allzu gerne sehen, was all diese Menschen schlussendlich auf ihren Abstimmungs-zettel schreiben, wenn niemand zuschaut und kein Polterer am Tisch sitzt, der lautstark die einzig mögliche Antwort von sich gibt!

Als Urner bin ich schon oft allein im Gegenwind gestanden, so bin ich auch nicht erschrocken, dass ich mich bei der parteieigenen *Familieninitiative* mit mei-ner Ablehnung allein gegen ein Heer er-hobener Hände fand. Das Ergebnis 117 Ja zu (m)einer Gegenstimme hat mir aller-dings noch mehr zu denken gegeben.

Einem Fehler einen zweiten Fehler nachzuschieben, ist unklug, besonders für eine Partei, die Selbstverantwortung auf ihre Fahnen geschrieben hat. Dass ich bei der Abstimmung über die Erhöhung der Autobahnvignette von 40 Franken auf 100 Franken mit meinem Ja Nationalrat Hans Killer und einem dritten mir Unbe-kannten Gefolgschaft leisten durfte, muss ich bei diesem Stimmverhalten bereits als versöhnlichen Abschluss betrachten!

Ich wünsche mir mehr Abweichler in unserem Land! Nicht nur in der Politik! Auch in der Wirtschaft! Besonders in der Finanzwelt! In den Medien! In Gesellschaftsfragen! In kulturellen und kirchlichen Belangen!

Jonas Bühler, Würenlos

Aargauer Zeitung
Samstag, 9. November 2013

Schweiz am Sonntag vom 8.12.2013:
Das Potenzial der über 60-Jährigen
muss besser genutzt werden

Geht erhobenen Hauptes durch die Welt!

Anstelle einer seit langem gewünschten Unterredung mit meinen Vorgesetzten habe ich Ende November die Kündigung erhalten. Den Grund kenne ich jetzt noch nicht. Mein Alter 62?

Dass ich kein Einzelfall bin, erlebte ich eine Woche später an der Infoveranstaltung des Regionalen Arbeitsvermittlungszentrums Baden in einem vollgepackten Veranstaltungsraum, als uns eine junge Dame mit Migrationshintergrund (scheusslich, welche Wortklaubereien es braucht, um nicht des Rassismus verdächtigt zu werden!) einen unserer Kollegen mit ähnlichem Migrationshintergrund grundlos vor allen Anwesenden abkanzelte und auch mich in die Schranken wies, als ich mich getraute, mit Handerheben eine Frage anzukündigen.

In meinem langen Berufsleben war ich dreimal arbeitslos und zweimal beim Sozialamt. Nun drohen die vierte Phase der Arbeitslosigkeit und der dritte Gang zum Sozialamt. Noch nie habe ich einen so vollgepackten Raum von Menschen erlebt, denen gekündigt worden ist! Eine gewaltige Entlassungswelle muss durch die Schweiz gefegt sein! Und dies kurz vor Weihnachten!

Meine 29 Kollegen und alle übrigen draussen im Land möchte ich bitten, weiterhin – wie ich – erhobenen Hauptes durch die Welt zu gehen, notfalls den uns gebührenden Respekt einzufordern, und voller Hoffnung und Neugier in die Zukunft zu blicken!

Ich habe das System bereits dreimal überlebt! Niemand konnte meinen Willen brechen! Wir sind in den seltensten Fällen schuld an unserem Schicksal! Unter den Arbeitslosen habe ich wertvollere Menschen gefunden als in den Firmen, die ich hinter mir lassen musste!

Es gilt nicht nur, das Potenzial der über 60-Jährigen besser zu nutzen, sondern auch die unter den jüngeren Arbeitslosen vorhandenen Talente und Fähigkeiten zu fördern, statt sie mit dem Brandzeichen RAV links liegen zu lassen, und unbeschriebene Blätter aus dem weitläufigen und unerschöpflichen EU-Raum zu importieren.

Jonas Bühler, Würenlos

Veröffentlichung nicht ersichtlich
Verfasst am 8. Dezember 2013

Alex und sein Mäuschen

Unser Mäuserich Alex ist untröstlich! *Wieso das?* Alex hat sich in ein Mäuschen verliebt! *In ein Häuschen?* Nein! Kein Häuschen! Ein Mäuschen! *Das ist doch schön!* Im Gegenteil! Alex hat sich in ein deutsches Mäuschen verliebt! *Na und?* Alex ist ein schweizerischer Mäuserich! *Na und?* Alex ist der Häuptling unserer Mäusefamilie! *Na und?* Alex darf sich nur in ein schweizerisches Mäuschen verlieben! *Wer sagt das?* Alle sagen das! *Lässt sich ein Herz befehlen, in wen es sich verlieben darf?* Du denkst, Herzen fühlen nicht national? *Nein! Herzen fühlen international!* Dann ist das nur ein Sturm im Wasserglas? *Bestimmt! Zudem tritt Deutschland bald als weiterer Kanton unserer Eidgenossenschaft bei!* Wer sagt das? *Viktor Giacobbo!* Du denkst, bald ist das deutsche Mäuschen ein schweizerisches Mäuschen? *Bestimmt! Alex soll es einfach aussitzen! Die Zeit arbeitet für ihn! Und seine Liebe!*

Jonas Bühler, Würenlos

Veröffentlichung nicht ersichtlich
Verfasst am 9. Dezember 2013

Wir müssen es anders und einfacher machen

Hans–Rudolf Merz bescherte uns mit seiner Unternehmenssteuerreform II ein Fiasko sondergleichen, das er auch mit seinem Bündnerfleisch nicht wieder wettlachen konnte. Kaum ist die Karawane mit ihren Kamelen weitergezogen, droht uns neues Ungemach mit der Unternehmenssteuerreform III.

In Zürich wurden zum Spott der ganzen Schweiz Verrichtungsboxen aufgestellt. Nun sollen in der ganzen Schweiz Lizenzboxen eingerichtet werden. Beide Boxen sind ein und derselbe Schwachsinn, obgleich das Volk im Gegensatz zu den Lizenzboxen noch eher versteht, was in Verrichtungsboxen vor sich geht!

Beginnt doch endlich damit, die Unternehmen zu entsteuern und stattdessen das Vermögen ihrer Besitzer zu besteuern! Wir dürfen nicht nachäffen, was in den Ländern ringsum (angeblich!) bereits funktionieren soll! Wir müssen es anders machen! Wir müssen es in erster Linie einfacher machen!

Jonas Bühler, Würenlos

Aargauer Zeitung
Freitag, 27. Dezember 2013

Wir müssen unser Haus wieder in Ordnung bringen!

Unser Land ist wie ein Haus oder eine Wohnung. Was im Kleinen nicht funktioniert, kann auch im Grossen nicht funktionieren. Wer lässt schon Fenster und Türen bei Tag und bei Nacht offen, damit einsteigen kann, wer will?

Noch schlimmer, bei uns wird eingestiegen, auch wenn wir zu Hause sind! Selbst durch die Schornsteine wird eingestiegen! Noch schlimmer, wir selbst haben die Schlüssel und Riegel weggelegt, weil ein Heer von Experten uns riet, dies zu tun!

Nun, da sich in unseren Häusern und Wohnungen Menschen tummeln, die wir nicht riefen, sollen uns die Hände gebunden sein, sie hinter die Zäune unserer Gemeinwesen zu begleiten? Wir sollen es weiterhin zulassen, dass sich fremde Menschen aus unseren Kühlschränken und Haushaltskassen bedienen, in unseren Sesseln fernsehen, in unseren Betten schlafen und ohne uns zu fragen eine Pizza in den Ofen schieben?

Es ist genug! Es reicht! Wer will Eltern verbieten, zuerst für sich und ihre Kinder zu sorgen? Zuerst für ihre eigene Familie Arbeit und Einkommen zu finden? Und jene Gäste bei sich aufzunehmen und zu beherbergen, die ihnen genehm sind?

Unser ganzes Haus ist am Verludern! Es ist höchste Zeit, wieder nach den weggelegten Schlüsseln und Riegeln zu greifen! Und die Schornsteine mit Stachelschweinen zu füllen!

Jonas Bühler, Flüelen und Würenlos

Urner Wochenblatt
Mittwoch, 22. Januar 2014

Aargauer Zeitung vom 28.02.2014:
Gastbeiträge von Georg Kreis
und Peter V. Kunz

Von schlechten und dummen Verlierern

Die professoralen Ausführungen von Georg Kreis und Peter V. Kunz haben mich wieder einmal dahingehend bestärkt, dass ich mit meiner Entscheidung, nach der Erlangung der Maturität die Hörsäle zu meiden und mir das Wissen auf der Strasse anzueignen, Recht hatte.

Dieses professorale Geschwätz ist mir zutiefst zuwider! Wir Menschen auf der Strasse brauchen keine Professoren, die uns erklären, was Ethik ist! Wir können ganz einfach zwischen Gut und Schlecht unterscheiden! Und danach leben!

Zum Beitrag von Peter V. Kunz habe ich nicht viel zu sagen, weil ich die Wirtschaft immer so wahrgenommen habe, wie er sie beschreibt: Eine Gratwanderung zwischen Gut und Schlecht. Was sich jedoch Georg Kreis mit seiner Rundumkeule gegen die Gewinner der Masseneinwanderungsinitiative und die SVP erlaubt, ist schlichtweg Müll und gehört nicht auf die zweite Seite einer (Über)Regionalen Tageszeitung! Dies sind nicht die Worte eines schlechten Verlierers! Es sind ganz einfach die Worte eines dummen Verlierers!

Jonas Bühler, Würenlos

Veröffentlichung nicht ersichtlich
Verfasst am 2. März 2014

Das Paradies zerplatzt beim Auslösen des Sprengsatzes

Seit Bestehen der Menschheit werden im Namen irgendwelcher Götter Menschen ermordet und Kriege geführt. Was wir zurzeit mit dem islamistischen Terror erleben, ist nur die Ernte dessen, was wir Christen im Namen unseres Gottes im Nahen Osten bereits mit den Kreuzzügen gesät haben. Eine Saat, gedüngt mit dem Irrsinn des Kolonialismus. Söhne und Töchter Allahs ermorden nun Söhne und Töchter der Christen, Juden und selbst ihre eigenen Glaubensbrüder. Im Namen ihres Gottes. Im Namen Allahs. Gestützt auf eine starre Auslegung des Korans. Aufgehetzt von Imamen. In Erwartung des Paradieses, wo Milch und Honig fliesst.

Ob Gott, Jahwe oder Allah: Es ist der einzige und alleinige Gott, welchen Namen wir ihm auch geben!

Söhne und Töchter Allahs! Legt eure Sprenggürtel ab und stellt eure Kalaschnikows beiseite! Euer im Jenseits vermutetes Paradies zerplatzt beim Auslösen des Sprengsatzes wie eine Seifenblase! Öffnet eure Herzen und reicht uns eure Hände, wie wir sie euch reichen! Um gemeinsam mit uns allen hier auf Erden dieses Paradies zu bauen!

Jonas Bühler, Würenlos

Aargauer Zeitung
Montag, 21. Dezember 2015

Faites vos jeux

In Atlantic City erlitt Donald Trump mit seinen Casinos Schiffbruch. Mit seiner Wahl zum nächsten Präsidenten der Vereinigten Staaten von Amerika wird die ganze Welt sein neues Atlantic City! Faites vos jeux!

Jonas Bühler, Würenlos

Aargauer Zeitung
Donnerstag, 17. November 2016

Diverse az-Artikel zur Amtseinsetzung von Donald Trump
als US-Präsident

Reality-TV in höchster Vollendung

Mit der Amtseinsetzung von Donald Trump als 45. Präsident der Vereinigten Staaten von Amerika ist mein Albtraum Wirklichkeit geworden. Globales Lichter-löschen. Globale Eiszeit. Reality-TV in höchster Vollendung. Primitiv und vulgär.

Noch nie haben sich die Fratzen des Raubtierkapitalismus, der Selbstüber-schätzung und der widerlichen Zurschau-stellung des eigenen Reichtums dermas-sen offen in einem Präsidenten der Welt-macht USA gezeigt. Dass eine Mehrheit der Bevölkerung dies so wollte, ist noch viel erschreckender und zeigt den be-denklichen Zustand der amerikanischen Gesellschaft.

Dass dieser Wandel von gewissen Journalisten der angeblichen Unfähigkeit des 44. Präsidenten der USA, Barack Obama, angelastet wird, grenzt bereits ans Lächerliche. Es ist nur zu hoffen, dass die Lichter, die Barack Obama während seiner achtjährigen skandalfreien Amtszeit rund um den Erdball in vielen von uns angezündet hat, eines Tages die globale Finsternis überstrahlen, das Eis zum Schmelzen bringen und einem neuen Hoffnungsträger den Weg ins Weisse Haus ebnen.

Jonas Bühler, Würenlos

Aargauer Zeitung
Dienstag, 24. Januar 2017